ME DICEN
PUDGE

Mi pasión y mi vida
el béisbol

Iván Rodríguez
con Jeff Sullivan

TRIUMPH
BOOKS

Título en inglés: They Call Me Pudge: My Life Playing the
    Game I Love
Copyright © 2017 por Iván Rodríguez y Jeff Sullivan

Información de catalogación de publicaciones disponible en la
    Biblioteca del Congreso de los Estados Unidos

Este libro está disponible con descuentos especiales por volumen para grupos u organizaciones: Para más información comuníquese con:
Triumph Books LLC
814 North Franklin Street
Chicago, Illinois 60610
(312) 337-0747
www.triumphbooks.com

Impreso en EEUU

ISBN: 978-1-62937-517-5

Diseño de Patricia Frey y Sue Knopf

A mis padres, José y Eva,
por todo su amor, inspiración y sacrificio

Índice

Preámbulo

SÉ POR EXPERIENCIA PROPIA LO DIFÍCIL QUE ES SER LLAMADO a las Grandes Ligas a los 19 años de edad. Cuando llamaron a Pudge a los Rangers en 1991, él era dos semanas más joven que yo cuando me llamaron a los Mets de Nueva York en 1966. Da mucha gracia porque si sacamos cuentas, cuando me llamaron en 1966 para mi debut en la Liga, todavía faltaban cinco años para que naciera Pudge y sin embargo tuve la buena fortuna de lanzar para él en tres temporadas.

Durante su primer juego en el Comiskey Park de Chicago, sacó de *out* a dos corredores en las bases y creo que ni remotamente estaban cerca de lograrlo. Estaba lanzando a quemarropa ciento por ciento. Recuerdo haber escuchado que estaba lanzando a 94 millas por hora a segunda base. Hubo ocasiones en las que Pudge lanzaba a mayor velocidad que el propio lanzador para el que era receptor. Creo que los dos estaríamos de acuerdo al decir que su capacidad para lanzar de esa manera era un regalo de Dios.

Al día siguiente, el 21 de junio Pudge jugó como mi receptor por primera vez. También hicimos un poco de historia, cuando un adolescente estaba de receptor de un lanzador de más de

40 años. En otras palabras un jovencito como receptor de un jugador veterano.

En aquel entonces Pudge no hablaba poco, si algo, de inglés y esto no le va a sorprender a nadie, yo no hablaba español. Cuando nos reunimos en el salón de los entrenadores de la casa club para nuestro informe de scouts antes del juego, pues no había mucho que hablar. Yo le dije, "Tu indícame con los dedos la señal y yo hago el lanzamiento. Verás que vamos a tener una buena noche".

Pudge seguía pidiéndome lanzamientos hasta que yo le indicaba que "no" con un gesto de la cabeza y le indicaba "sí" cuando él se ubicaba y estábamos bien posicionados. Nos llevábamos muy bien. En esa primera apertura solamente permití un *hit*. Cuando terminó el juego fui a la oficina del dirigente, Bobby Valentine y le dije: "Este chico es bueno. Me lo puedes poner de receptor de ahora en adelante".

Unos cuantos juegos más tarde, el 7 de julio en Arlington, estaba yo pasando por la séptima entrada de lo que sería mi octavo juego perfecto. Estábamos jugando contra los Angelinos de California y Dave Winfield bateó un sencillo por el central y el conteo estaba en 0–2 lanzamientos para sacar ventaja en la octava entrada. Después del juego, que ganamos 7–0, los periodistas le preguntaron a Pudge sobre los lanzamientos a Winfield y les dijo que yo lo había ignorado. Parece que aprendió a hablar inglés bastante rápido.

Durante el siguiente entrenamiento de primavera y esta es una de las anécdotas favoritas de Pudge, él dice que bateó de cuadrangular por el jardín central un lanzamiento que yo le había hecho. En su siguiente turno al bate, la bola se me escapó de la mano y le pegué con la bola en una pierna. No recuerdo eso del cuadrangular, aunque sí recuerdo haberle pegado un bolazo.

Alrededor de esa época recuerdo haber pensado que Pudge iba a ser uno de los grandes jugadores. Sin discusión, es el mejor receptor en todas las áreas que haya jugado en este deporte. Se convirtió en un gran bateador, algo que todos percibimos desde mucho tiempo antes y sus 13 Guantes de Oro dicen mucho de su juego. Solamente el gran Brooks Robinson ha ganado más entre jugadores de posición.

Cuando Robin Ventura se subió al montículo en 1993, durante mi último año como lanzador, Pudge estaba allí tratando de controlarlo. Algo que pocos recuerdan o no saben, es que apenas 40 horas antes habían operado a Pudge por una fractura maxilar. Recuerdo que Pudge tenía puesto un vendaje grandísimo en la cara, pero allí estaba Pudge, tratando de proteger a su lanzador. Increíble pensar que él iba jugar esa noche.

Mucha gente comenta sobre mis juegos perfectos y del número de veces que he ponchado a bateadores y me siento muy orgulloso de esos logros. ¿Pero saben algo? Para casi todos los atletas profesionales, la meta número 1 es estar en el terreno de juego y poder estar presente para jugar con tus compañeros. En ese aspecto Pudge y yo somos un gran éxito. Contemporáneamente, ningún lanzador ha superado la cantidad de juegos en los que lancé desde su apertura y que suman 773. Y nadie ha sido receptor en más juegos que Pudge y esos suman 2,427. Ambos nos sentimos mucho orgullo de haber logrados ese éxito. Muchos novatos con mucho talento han llegado a la Liga y tienen éxito de inmediato, pero unos años más tarde ya se han esfumado. Hay que tener una determinación de hierro y un enfoque para llegar al juego habiéndolo estudiado desde todos los ángulos no un día ni dos, si no día tras día y temporada tras temporada. A medida que vas ganando en edad, tienes que entrenar y trabajar bastante más duro y se los digo por experiencia propia.

Llegado este momento, ninguno de los dos ha sufrido lesiones serias, pero al mismo tiempo les digo, que poder jugar 20 o más años no es algo que ocurra por accidente; mucho menos cuando se juega como receptor, una posición que exige muchísimo. Algunos de los muchachos jóvenes no consideran que deben entrenar y a su edad probablemente no lo necesitan. Pero Pudge es otro elemento. Desde que llegó como novato, se sometía a su entrenamiento a casi a diario. Siempre me impresiono su disciplina. Siempre quería hacer el mejor de sus trabajos y no descansó nunca en su talento natural.

Para mí ha sido un honor poder decir que Pudge ha sido compañero de equipo. Él representa todo lo bueno que existe en el béisbol. Él ha disfrutado jugar, estar en el terreno de juego ha sido para él una pasión. Desde que empezó como novato a los 19 años en aquel juego en Chicago, hasta su último juego dos décadas más tarde, Pudge salió al terreno a jugar dando el máximo cada día. Es un tipo único de jugador, de los que se dejan la piel en el terreno de juego. Tanto su fanaticada, como sus compañeros de equipo y los entrenadores valoramos mucho eso.

Me siento honrado de estar ligado a él como compañeros de artillería y ahora también como miembros del Salón de la Fama del Béisbol. Más importante aún, me honro en poder llamarle mi amigo, aunque todavía no logro recordar cómo fue lo del cuadrangular que me bateó.

—Nolan Ryan
Lanzador – Rangers de Texas 1989–1993

Preámbulo

NO CREO QUE NOS HAYAMOS VISTO MUCHO DURANTE LOS primeros 15 años de Pudge Rodríguez en las Grandes Ligas. Sí, nos veíamos en los Juegos de Estrellas y en las series intraliga durante su temporada como MVP en 1999. Obviamente yo sabía que él era una súper estrella. Claro está, que eso lo sabíamos todos. Pudge ha sido una de las caras del béisbol por mucho tiempo. Primero con los Rangers de Texas y luego al ganar la Serie Mundial con los Marlins de Florida. Es uno de esos jugadores que capta tu atención durante los juegos por intensidad, su talento brillante y su amor de niño por el béisbol.

Cuando Pudge firmó con Detroit en 2004, esa fue la movida que cambio la suerte del equipo. Este equipo había perdido 119 juegos la temporada anterior y yo tenía frente a uno de los jugadores de elite del béisbol diciéndome que sí, que quería ser parte de la franquicia y vamos a empezar a ganar. Firmar a Pudge significó mucho para el dirigente Dave Dombrowski, especialmente en términos del ambiente que había en el club. Y ahí empezó todo y firmamos a otros jugadores como Magglio Ordoñez, a Kenny Rogers y a unos cuantos jóvenes como Justin

Verlander y Curtis Granderson, pero todo eso se inició cuando firmamos a Pudge.

Llegué como dirigente del equipo en el 2006 y teníamos tremendo equipo. Estábamos listos para ganar y ganamos. Terminamos 95–67 y ganamos el banderín de la Liga Americana antes de perder en cinco juegos ante los Cardenales de San Luis en la Serie Mundial.

Una de las primeras conversaciones que tuve ese año en el entrenamiento de primavera fue con Pudge. Le dejé saber que lo necesitaba como líder, que deseaba que fuera vocal. Como dirigente también hay que tener cuidado al delegar responsabilidades y poner sobre los jugadores demasiada presión que pueda desenfocarlos del juego. Pudge manejó todo a la perfección. Tener a un jugador como Pudge también ayudaba porque tener con nosotros a alguien de su calibre de jugador, uno de los mejores receptores en el béisbol hasta ese momento, inspiraba respeto inmediato. Él era la cara de nuestro equipo; el jugador con el más alto estatus que pueda tener un jugador activo. El alcance de esa presencia en el equipo abarcaba desde el terreno de juego hasta la casa club.

Pudge era más o menos lo que yo esperaba tener en un jugador de béisbol. El aportaba al juego pasión y su habilidad iba más allá de los records. A los 34 años su brazo seguía estando a un nivel superior al de los otros receptores. Encabezaba la liga esa temporada con 51 por ciento de *outs* en intentos de robar base, cuando el promedio de la Liga era 30 por ciento.

El mejor de los ejemplos que dio Pudge fue ser siempre el que más duro trabajaba, sin lugar a dudas. Nadie de los que han trabajado para mí lo ha hecho tan duro como él. Mientras jugábamos fuera de casa se le veía entrenando a las 8:00 AM y nadie hacía eso después de haber jugado la noche anterior.

Especialmente después de haber recibido las nueve entradas. Era suficientemente inteligente para darse cuenta de que para mantener el nivel de juego que quería, tenía que entrenar más duro que nadie. Solamente los mejores entienden eso. No los jugadores que llegan a la Liga con mucho talento y tienen una carrera de unos ocho a diez años. Los grandiosos se enorgullecen de apoyar su excelencia en la longevidad de sus carreras, como por ejemplo, Pudge. Son fanáticos de mantenerse en forma, especialmente más tarde en sus carreras.

Todos hablan del brazo de Pudge, de lo bien que se mueve detrás el plato y a su bateo, pero además era excelente liderando el juego. Hacía un trabajo estupendo con los ajustes durante el juego también. El plan del juego puede verse afectado de repente si el mejor lanzamiento del lanzador deja de funcionar, o quizás si su segundo o tercer lanzamiento no está funcionando en un determinado juego y Pudge hacía esos cambios de manera imperceptible inclusive en una misma entrada.

Pudge bateó tantos *hits* para nosotros y sacó de *out* a tantos corredores y sin embargo lo que más sobresale de él ante mis ojos es su energía. Llegaba al parque lleno de energía cada día y era bien competitivo, uno de esos que quería tener éxito en cada turno al bate. Era tan agradable verlo jugar el juego que tanto ama. Pudge marcó el tono para nuestros equipos. Tenía el entusiasmo de un niño. Disfrutaba jugar en las Grandes Ligas como si fuera un jugador de las Pequeñas Ligas.

Por mucho tiempo dije que Johnny Bench era el mejor receptor que había visto. Jugué contra él en las Menores hace mucho tiempo y no podía creer lo que estaba viendo. Y cuando volví a verlo ya estaba jugando en la Gran Maquina Roja, los Rojos de Cincinnati.

Sin embargo, tengo que decirles que ciertamente Pudge no se queda atrás. Por algo será que Pudge y Bench son los únicos receptores electos al Salón de la Fama en la primera votación. Empecemos por ahí.

Haría cualquier cosa por Pudge. Verlo cada día en el parque jugando con nosotros en los Tigres daba gusto. Tuve la increíble suerte de ser su dirigente y echo de menos el tiempo que pasamos juntos.

—*Jim Leyland*
Dirigente –Tigres de Detroit 2006–2013

ME DICEN
PUDGE

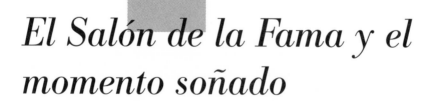

1

El Salón de la Fama y el momento soñado

EN ESOS DÍAS ANTES DE QUE ANUNCIARAN LOS RESULTADOS PARA el Salón de la Fama, que salían el 18 de enero del 2017, yo andaba revuelto ansioso. Estoy casi seguro de que es lo más nervioso que he estado en toda mi vida. Casi ni dormía. Yo, que nunca he sido muy amigo de darme el trago, esas noches antes me di unos cuantos. Sabía que la competencia iba a ser bien apretada y alguien me había comentado la noche antes que la mía podía ser la votación más cerrada de la historia. Era mi primera elección y aunque algunos no le daban importancia a ser electo a la primera nominación, para mí era tremendamente importante.

Oramos mucho durante esos días antes del anuncio. Mi esposa, Patricia estuvo conmigo casi todo el tiempo. Como siempre, ella fue mi guía espiritual cuando más la necesitaba. Nos quedábamos despiertos hasta tarde, como era mi costumbre. Mientras más estresado me ponía yo, más rezaba Patricia.

Primero, porque desde jovencito mi meta máxima era entrar al Salón de la Fama. Claro que también tenía otras metas, como las metas del día a día, las de la temporada, otras a largo plazo, pero en primera fila y más que cualquier otra me llevaba el deseo de llegar a pertenecer al Salón de la Fama. Así es como nos validan a los jugadores de béisbol.

Aparte de eso, mi jugador favorito, en verdad mi héroe, desde que estaba pequeño era Johnny Bench. Yo quería hacerlo todo como él y Bench era el único receptor que salió electo a la primera vez que lo nominaron. Según fui creciendo, seguí queriendo hacerlo todo igual que Johnny Bench. Quería compartir con él dos cosas: salir electo en la primera votación y compartir con él ese honor de estar en Cooperstown, en el Salón de la Fama.

De hecho, cuando más contento estuve esos días antes de la votación fue cuando oí unos comentarios que hizo Bench en el "Dallas Morning News", cuando dijo que: "Es el receptor más completo que he visto, que intimida detrás del plato, un bateador de hits sólido e increíblemente duradero. Él tiene todo lo que un aspirante a esa posición desearía".

Cuando le dijeron a Johnny Bench que yo había sido el receptor en 20,000 entradas más que cualquier otro receptor y en 650 juegos más que él, Bench dijo: "Esos números son una locura. Yo me he fracturado 17 huesos del cuerpo. Llegué al punto en que mi cuerpo simplemente no podía hacerlo más, mientras que él ha estado jugando a un nivel muy alto, por mucho más tiempo. Para soportar esa paliza y seguir jugando, esos números demuestran por sí solos que él debe estar allí".

Mire, yo soy una persona competitiva. A medida que pasaba el tiempo más ansioso me sentía. Yo soñaba con ser elegido en la primera ronda.

Todos los que saben de béisbol pensaban lo mismo, que mis promedios y mis premios hablan por sí solos. Los 13 Guantes de Oro, que es un récord para receptores, 2,427 juegos atrapados, que son 201 juegos más que otro miembro del Salón de la Fama, Carlton Fisk, que está en segundo puesto. Me conocían por mi defensa, que siempre fue mi enfoque principal, pero yo podía batear algunos hits también. Bateé 2,844 hits, 311 cuadrangulares, casi .300 en promedio de bateo durante mi carrera y hasta me robé 127 bases; no está mal para un tipo al que le dicen "Pudge".

Durante el transcurso de mi carrera también gané el trofeo MVP de la Liga Americana como el Jugador Más Valioso y Siete Bates de Plata como el mejor receptor al bate de la liga. En el año 2003 me dieron el reconocimiento MVP de la Liga Nacional en 2003, y en ese mismo año con los Marlins de Florida ganamos la Serie Mundial.

En realidad no había razón para que la votación fuera apretada.

Bueno, pero así fue. Se necesitaba 75 por ciento del voto, que este año eran 332 votos. Yo recibí 336 que es 76%. El gran Jackie Robinson recibió 77.5 en el primer año que fue candidato.

Cuando recibí la llamada, minutos antes de que la Cadena de Béisbol de Grandes Ligas hiciera el anuncio oficial, yo llevaba un rato para arriba y para abajo en casa de mis amistades en Dallas. Llegué de Miami el día anterior ya que en caso de que fuera elegido, el equipo los Rangers quería que la Conferencia de Prensa fuera en el Parque "Globe Life Park" en Arlington, Texas.

Sí, es verdad que he jugado con seis equipos, pero en términos de béisbol los Rangers han sido y son mi hogar. Desde que me firmaron en Puerto Rico cuando tenía 16 años y no sabía hablar inglés, fue que empecé a formarme como jugador de béisbol profesional.

Ya confirmada mí exaltación al Salón de la Fama, mi reacción quedó grabada para la eternidad, cuando todavía con el teléfono en la mano, levanté el brazo izquierdo con el puño cerrado en señal de triunfo. Ese video bastante fácil de encontrar en Google. La expresión de mi cara lo dice todo. Mi hijo Dereck se me acercó, me abrazó mientras yo reía y lloraba al mismo tiempo. Entonces se acercó Patricia y me abrazó, diciéndome lo feliz y orgullosa que se sentía. Cuando has tenido un sueño durante toda tu carrera y se te hace realidad, no hay palabras para expresar la felicidad lo que se siente, parece que estas soñando.

Las horas después de la llamada fueron muy bonitas y de caos. Creo que nunca había entendido bien esa frase americana que dice "... your head is spinning around" [la cabeza no para de darme vueltas], pero ahora la entiendo. La cabeza me daba vueltas y el teléfono no paraba de sonar. Celebramos un momento en familia y de allí viajamos media hora hasta la conferencia de prensa en el parque de béisbol. Cuando llegamos al parque para la conferencia de prensa, les dije de corazón que, en verdad llevaba tres días sin poder dormir bien. No les miento. Muchos de mis buenos amigos me decían "vas a entrar, lo vas a lograr". Y al mismo tiempo me hacían comentarios como preparándome por si no entraba, diciéndome "mira, que si no es este año, será el que viene".

"Eso no era lo que yo quería oír.

"¿Qué puedo decirles? Después de haberme criado en el pueblo de Vega Baja, en Puerto Rico, entrar al Salón de la Fama… Es un gran honor. Me siento muy orgulloso de haber entrado al Salón de la Fama en el primer intento".

Al día siguiente, después de haber podido dormir profundamente unas pocas horas, salimos rumbo a la ciudad de Nueva York. Me reuní con los otros exque entraron, Jeff Bagwell y Tim Raines para una conferencia de prensa. La clase oficial exaltada en 2017 también incluía al antiguo comisionado Bud Selig y al que por mucho tiempo fue el oficial ejecutivo administrativo, John Schuerholz, que fue líder de la Serie Mundial entre los Reales de Kansas City y los Bravos de Atlanta, a los que ya habían seleccionados tres meses antes a través del Comité de Veteranos.

Mi carrera incluye haber sacado de carrera a 661 roba bases, un 46 por ciento de los que trataron. La cosa es que nunca saqué a Raines ni a Bagwell, que eran una combinación 5-por-5 a costa mía. Raines era uno de los mejores corredores de bases, por lo que eso se entiende.

Y Bagwell solamente se robó una base, así que tuvimos tema para dar chiste un rato antes de la conferencia de prensa. Obviamente, es un grupo fantástico al que van a exaltar y yo siempre he respetado mucho a Raines y a Bagwell. Siempre estaremos unidos y tener esa conexión eterna también es bien chévere.

El Salón de la Fama es el premio de los premios. Estar allí esta primera fue algo mágico y que me hizo sentir privilegiado. Menos de un uno por ciento de los jugadores de Grandes Ligas entran y eso sin contar con los que vieron morir sus sueños en las pequeñas ligas. Y de ese 1 por ciento que tuvimos la fortuna de entrar a Cooperstown, como un 16 por ciento entramos a la primera vez. Y a los 45 años soy (de momento) el jugador más joven del Salón de la Fama. También estoy bien orgulloso de ser el cuarto puertorriqueño en lograrlo, compartiendo así con Roberto Clemente (Q.E.P.D.), Orlando Cepeda y Roberto Alomar. Ningún otro país en América Latina ha dado más de dos jugadores desde la Segunda Guerra Mundial.

Excepto por el nacimiento de mis tres hijos, esos han sido los días más felices de mi vida. No le di importancia a algunas preguntas que me hicieron. Estoy en el Salón de la Fama y además los Rangers van a retirar mi número, el 7. Esas son las cosas importantes. No puedo estar más feliz.

Sobre ciertas preguntas que me hacen, con mucho gusto las contesto. No tengo razón para no hacerlo. Hay mucha información falsa y cacerías de brujas cuando se habla de esos años. Que José Canseco haya escrito cosas en un libro, eso no quiere decir que pasaron. Yo no le guardo rencor a nadie y cuando me encuentro con José siempre lo saludo. Los hombres se comportan así. Estoy seguro de que tuvo sus razones para hacerlo. La cosa es que me cuentan, porque yo no he leído el libro, que básicamente José lo que hizo fue tratar de pasarle por encima con una guagua a tanta gente, que necesitaba una guagua de dos pisos como las de Londres. Cuando alguien culpa a los demás y al final son unos pocos los culpables, eso no quiere decir que ese alguien tenía razón.

Yo nunca usé esteroides. Que eso quede bien claro. Yo nunca usé esteroides. Si alguien dice que los tomé, eso es mentira. Yo lo que sí hice fue trabajar como un animal y jugar el juego como debe ser. Con disciplina, ejercicios y dieta, trabajé lo más duro que podía para jugar mejor cada día por más de 20 años. Amaba el béisbol. Esa era mi vida. Entre las primeras cosas que recuerdo está el béisbol. Nací bendecido por Dios con un brazo fuerte, capaz de lanzar a gran velocidad. Y yo vivía enfocado en el béisbol todos los días. Me quedaba despierto cuando llegaba de los juegos que eran de noche, viendo los juegos o las jugadas clave hasta las tres y las cuatro de la mañana.

Mi entrenamiento siempre fue fuerte y aunque subía y bajaba de peso siempre fui Pudge (Acuerpado). Cuando estaba en segundo año de escuela superior, poco antes de que me firmaran los Rangers en julio de 1988, yo medía 5'7" y pesaba 165 libras, con bastante grasa de bebé todavía. En el campamento de ligas menores de 1989 había crecido una pulgada o dos (esa fue la última vez que eso pasó) y tenía unas cuantas libras de más encima. Fue allí en Port Charlotte, Florida que el instructor Chino Cadahia me dijo "Pudge" por primera vez. Obviamente, se me quedó el nombre. A mí no me molestaba. Es un apodo divertido; lo entiendo. Cuando alguien me pregunta ahora cómo quiero que me digan, digo que Iván o Pudge.

En las ligas menores había estado comiendo un poquito mejor, pero sin ninguna dieta. Eso es fácil a los 17 ó 18 años. Mirando para atrás, yo comía proteína por toneladas, montones de palitos de pollo y jugaba mucho béisbol, así que empecé a bajar libras. Esos primeros años con los Rangers en Grandes Ligas cogí más peso, pero era más músculo que grasa y al final de la temporada 1994–95 fue cuando conocí a Edgar Díaz. Yo acababa de cumplir los 23 años.

Edgar también es puertorriqueño, un campeón olímpico de salto con pértiga, unos años mayor que yo. Yo estaba jugando béisbol de invierno y creo que estuvo en el juego de ese día. Esa misma noche, se me acercó cuando estaba yo en un restaurante que se llama Lupi's, de Ed Figueroa, que lanzó en las ligas mayores y me dijo, "De casualidad ¿te está doliendo la rodilla derecha?"

Pues sí, la rodilla derecha me estaba molestando y yo me preguntaba cómo rayos él lo sabía. Yo no estaba cojeando. Papá me enseñó desde chiquito a que no demostrara debilidad. Edgar me explicó que yo estaba corriendo en una forma incorrecta y que no estaba levantando los dedos de los pies, las nalgas y las rodillas. Le pregunté si él podía arreglar eso, me dijo que sí y que me encontrara con él en la pista al día siguiente a las 4:00 p.m. Llegué como 10 minutos antes y corrimos un montón de rutinas juntos. Eso se convirtió en un ritual de todos los días. Le pedí que viniera conmigo a Texas para que pudiéramos entrenar durante la temporada y seguí entrenando con él hasta el día de hoy y si quiero entrenar, generalmente lo llamo a él.

Ese invierno que conocí a Edgar yo estaba como en 230 libras. El plan era que me iba a entrenar como corredor de salto a lo largo. Él quería que bajara el peso y como en 18 meses ya estaba en las 198. El programa de entrenamiento nuevo ciertamente no era fácil, pero en los siguientes juegos me sentí más veloz, más fuerte y más explosivo. El brazo y el "swing" [balanceo] también cogieron velocidad.

Mis promedios mejoraron, como es natural en los jugadores más jóvenes. En la ofensiva, la edad promedio del jugador de grandes ligas es como de 27 años, la edad que yo tenía en 1999 durante mi temporada MVP. Ese año conecté 35 cuadrangulares. Y si no llega a ser por las inoportunas lesiones hubiera podido conectar 30 en las dos temporadas siguientes. Sin embargo, yo nunca fui un bateador poderoso. En lo más alto de mi carrera de 16 años, entre 1992 y 2007, mi promedio era de 30 dobletes y 18 cuadrangulares por temporada.

Al final de la temporada de 1998, le dije a Edgar que quería ganar el trofeo MVP de la Liga Americana el año siguiente. Mi compañero de equipo, Juan Gonzalez, que casualmente es de mí pueblo en Puerto Rico, se llevó el honor en dos de las tres temporadas pasadas y yo siempre empujándome a otro reto. ¿Qué mejor razón para esforzarme que ser considerado el mejor jugador de béisbol, no?

EDGAR DÍAZ
ENTRENADOR PERSONAL
Le dije a Iván, 'Oye, si quieres ser el MVP tenemos que entrenar más fuerte'. Le sugerí que no jugara béisbol invernal en Puerto Rico fuera de la temporada de la liga,

para que se dedicara por completo a entrenar y descansar. Después que perdieron contra los Yankees en el "playoff" de 1998, le dije que descansara. 'Disfruta la vida, haz lo que tengas que hacer, vete de vacaciones, lo que sea. En noviembre primero vamos a tomar medidas y a entrenar como nunca'. Eso fue lo que hicimos y el béisbol vio los resultados al año siguiente. Entrenábamos por lo menos tres horas por día ese invierno, tres semanas entrenando y una semana libre. Por las tardes él trabajaba en su "swing" o en otras áreas de su juego, pero sin jugar partidos como tal, algo que para él era bien sacrificado. Iván siente pasión por jugar al béisbol".

"Si quieres jugar los siete meses de la temporada no puedes entrenar solamente seis semanas fuera de la temporada. No hay forma de que alguien pueda hacer eso sin desgarrarse un músculo y sufrir desgaste físico. Corríamos repeticiones de 300 y 400 metros, alzábamos pesas, hacíamos más repeticiones y menos pesas, concentrando mucho en el "core" [área central/el centro del cuerpo]. Además, que también empezó a alimentarse de forma adecuada".

"Ya cuando llegó a las 198 libras se mantuvo ahí por dos o tres años. Pero le tenía que estar recordando, que no podía ponerse muy flaco por la posición que juega y la cantidad de energía que requiere. Como los receptores siempre están moviéndose para arriba y para abajo tantas veces, tienen que conservar energía guardando un poquito de grasa. Pudge nunca midió menos de 8 porciento de grasa en el cuerpo. Se mantuvo en ese nivel".

"No te puedo contar las veces que cuando terminábamos de entrenar Iván me decía, '¿Eso es todo? ¿Ya terminamos

**por hoy? Me siento como que puedo seguir entrenando".
Es adicto a entrenar. El ama el juego muchísimo y tiene
un particular dinamismo que le da el impulso para ser el
mejor".**

Mi dieta también cambió mientras mi carrera iba
progresando, como creo que le pasa a casi todos los atletas
profesionales. Y en verdad, evitar el sobrepeso es algo que
probablemente aplica a todo el mundo. Cuando era más joven,
podía comer todo lo que quisiera y con todas las calorías que
quemaba jugando béisbol, seguía flaco. Comía de todo, aunque
en verdad nunca he sido de mucho dulce o de mucho refresco.
Después de conocer a Edgar y especialmente fuera de la
temporada, cuando estábamos entrenando, el enfoque mayor era
en las proteínas de la carne roja, la carne blanca, el pavo, pollo,
pescado o carne de res. Todas las proteínas afectan al cuerpo de
forma diferente, por lo que no se debe comer la misma proteína
todo el tiempo.

Edgar y yo también entrenamos durante la temporada, pero
obviamente con menos intensidad. Calentábamos, estirábamos,
quizás corríamos 800 metros en la pista, trabajamos patadas con
rodilla, *lunges* y después más estiramientos. Concentrábamos
en velocidad con resistencia y en asegurarnos de que tuviera la
misma energía todos los días. Hasta cuando íbamos a entradas
extra, yo siempre quería sentirme igual que en la primera
entrada.

Siempre he sido hiperactivo y eso quiere decir que casi
siempre me acostaba tarde. La parte buena de eso es que
cuando me quedaba dormido, dormía profundamente. Nos
concentrábamos mucho en la hidratación y en comer muchos
nutrientes. Y como comía saludable, no necesitaba tomar otras

cosas como suplementos. Yo sí tomaba muchas batidas de proteína o aminoácidos. Aparte de comer bien, lo que se necesita es descansar, tomar mucha agua. Si se entrena bien, se trabaja duro y se hacen los sacrificios necesarios, no necesitas nada extra.

Otros dos puntos que quiero aclarar: sí, yo perdí 25 libras fuera de temporada en 2004–05. Eso hizo que empezaran las especulaciones acerca de eso, porque fue después que salió el libro de Canseco y la liga finalmente estaba empezando a coger en serio lo de hacer pruebas. Lo cierto es que Maribel, mi primera esposa y yo estábamos divorciándonos en ese momento y fue horrible. Nadie, creo yo, excepto los más cercanos a mí supieron lo fuerte que fue, lo mucho que me afectó física y mentalmente. Tuve un bajón.

Ese año no entrené fuera de la temporada, por lo menos no como Edgar y yo lo habíamos estado haciendo. Mirando al pasado, probablemente estuve en depresión. No comía bien y no era tanto porque fuera comida mala, es que no comía mucho, no estaba comiendo la proteína que necesitaba. Dormía peor que de costumbre. Mi único desahogo era trotar y trotar. Empecé a dar carreras largas, en la bicicleta estacionaria o por afuera. Corría de 20 a 30 millas al día. Así fue la mayor parte ese tiempo fuera de temporada.

Me sentí mejor cuando llegué al campamento. Tenía 33 años y había sido receptor en las Grandes Ligas por 15 años. Me había lesionado el flexor de una cadera el año anterior, que en verdad me molestaba para estar detrás del plato. Es que lo que funciona bien a los 27 ya no funciona igual a los 33, ni a los 38. Así que durante esa temporada corrí más, hice todavía más carreras de corta distancia, estiramientos y levanté menos pesas.

Segundo, si se chequea mi carrera, mi cuerpo trabajaba más o menos como se suponía que trabajara. Cuando más saludable estuve fue en mis años 20 y después sufrí alguna lesión más tarde en mi carrera. Es más, después que cumplí los 30, ni siquiera llegue a batear 20 cuadrangulares en una temporada. Mi carrera siguió el camino que tenía que seguir y trabajé bien duro fuera de temporada para estar en las condiciones en que debía estar. Fisk y Bob Boone, que se clasificaron segundo y tercero después de mi en atrapadas, siguieron siendo buenos receptores después de cumplir los cuarenta. Yo no fui uno de esos. Tenía 39 años cuando jugué mi última temporada. Tengo el récord de partidos jugados que tengo, porque tuve la suerte de empezar mi carrera de grandes ligas a los 19 años.

No tengo nada en contra de algún jugador de esa época que haya tomado lo que fuera que se tomaban. Eran tiempos difíciles, las reglas eras diferentes y en verdad que nadie sabía qué era lo que estaba pasando. Fue algo que pasó y todos parece que echaron para adelante, que es lo mejor para el deporte. Espero que algún día otros grandes jugadores de ese tiempo y que también se merecen entrar, puedan compartir conmigo en el Salón de la Fama.

2

Más que un pasatiempo

NACÍ EL 27 DE NOVIEMBRE DE 1971, AUNQUE A VECES DIGAN POR ahí que nací después, hijo de José y Eva y tengo un hermano mayor que se llama Tito.

Vivíamos en Vega Baja, un pueblo pequeño de Puerto Rico. Nunca tuvimos muchos chavos, pero realmente nunca le dábamos mucho pensamiento a eso. Nosotros éramos como el resto de las familias del pueblo, así que nunca nos poníamos a pensar cómo vivían los demás. Yo tenía bicicleta, patineta y teníamos un televisor. Además, siempre había comida en la mesa. Eso es todo lo que necesita un niño, ¿verdad que sí?

Empecé a jugar béisbol a los siete años, pero también jugaba otros deportes. Era bien bueno en vólibol, pero no tanto jugando baloncesto por mi estatura. Cuando encesté mi primer canasto, todos celebraron como si yo hubiera ganado el campeonato. El que probablemente también fue mi último canasto.

Me crié en una familia donde todos jugaban deportes. Papi era jugador de béisbol, un toletero del jardín izquierdo y Mami jugaba en varias ligas de softbol con Papi mientras íbamos creciendo. Todos mis tíos y primos también eran jugadores y comencé a enamorarme del béisbol, porque me daba oportunidad de compartir con la familia. Yo practicaba otros deportes, pero Papi fue el que me dijo que a él encantaría verme jugar béisbol. Para mi papá el béisbol era como quien dice una prolongación de la vida, tan necesario para vivir como el oxígeno. Él me decía, "Aparte de nuestra familia, el béisbol ha sido todo para mí, mi felicidad, mi satisfacción con el mundo."

Papi fue mi primer entrenador. Fue mi maestro al principio. Ya después empecé a jugar en ligas en Puerto Rico. Lo mío era natural. Siempre tuve buen brazo y tiraba la bola duro. Una de las primeras posiciones que jugué fue de lanzador. Lancé siete juegos sin hits, incluyendo dos el mismo día. Y le pegué a un montón de nenes porque la bola cogía para todos lados. Si era una bola buena, era un lanzamiento bastante bueno, pero si no lo era, yo no sabía para dónde iba a salir la bola. Siempre me dejaban en el juego porque aunque no estuviera lanzando, era bien bueno con el guante, podía jugar una tercera base bien brava y bateaba bien.

Cuando tenía siete años, mi estatura era normal, pero después todos me fueron pasando. A los 12 ó 13, yo era bien bajito. Simplemente, pues no crecí tan rápido como los demás muchachos. Hasta empecé a hacer ejercicios para estirar mi cuerpo y ser más alto. Una vez, que salimos temprano de la escuela llegué a casa y no había nadie. Se me ocurrió colgarme por los brazos con una soga, desde nuestro balcón en un segundo piso, porque quería crecer. Tenía una banqueta para subirme a al techo, pero me resbalé y me quedé colgando de la soga, casi asfixiándome, y en eso llegó Papi. Tuve suerte de que él llegó a casa en esos momentos. Me asusté, o sea, ¿te imaginas que la gente pensara que me había guindado, cuando yo era un muchachito tan feliz? Ahora suena gracioso, pero en ese momento no lo era. Creo que eso es parte de la inseguridad que me daba por ser bajito.

Mi hermano y yo tenemos unos padres que muchos desearían tener. Mami y Papi querían asegurarse de que todo nos saliera bien. Era unos padres bien serios, estrictos y nos ponían reglas. Teníamos un tiempo para jugar, un tiempo para hacer las asignaciones, para comer y para prepararnos para irnos a dormir. Y si no nos acostábamos a la hora que era, se enfogonaban.

La hora de reunirnos como familia era en la comida. Una de las reglas de reglas de mis padres era que teníamos que comer juntos. Ahí no había nada que negociar. Como a las 6:30 nos estábamos sentando a la mesa. La conversación era casi siempre sobre lo que habíamos hecho ese día y ya cuando fuimos creciendo, hablábamos de béisbol.

Todo en casa tenía que ver con el béisbol. Mi hermano y yo jugábamos en el cuarto con una bola hecha de papel y las chancletas eran los bates, para completar poníamos un libro para marcar la zona de *strike*. A veces nos pasábamos horas jugando sentados en el piso antes de acostarnos. La casa era abierta y con paneles de madera, así que nuestros padres podían oír todo lo que pasaba en nuestro cuarto. Jugábamos hasta tan tarde que por las mañanas estábamos bien cansados y a veces Mami tenía que echarnos agua en la cara para despertarnos.

EVA RODRÍGUEZ
MADRE
"Ellos empezaron a jugar ese juego en su cuarto con medias y con las manos. Iván era un nene bastante quieto. Le gustaba estar cerca de su mamá. Era obediente y un poquito tímido. Pero era bien activo y corría bicicleta y daba carreras con Hot Wheels por toda la casa y jugaba al esconder. A los 10 años estaba tratando de correr bicicleta de maneras nuevas y pues, una de ellas era sin usar las manos. Estaba

luciéndose al frente de sus amigos, perdió el control y fue a parar con una verja de alambre de púas. Ese día corrió mucha sangre".

"Le gustaba nadar y ver muñequitos y juegos de béisbol en la televisión, pero cuando más feliz estaba era jugando al béisbol. Desde chiquito Iván siempre ha tenido ese carisma que no se aprende. Yo creo que lo trae de nacimiento.

Mis padres han trabajado increíblemente duro. Mami tuvo primero su negocio de salón de belleza y después que mi hermano y yo nacimos se hizo maestra. Estuvo de maestra de segundo grado por más de 20 años, se cogió un tiempo libre y después se fue a trabajar de principal de escuela por 14 años más. Papi trabajaba como electricista, siempre con la compañía "Daniel Construction". Ellos producían electricidad para distintas farmacias alrededor de Puerto Rico. Era supervisor de un grupo grande de empleados.

Sin embargo, no fue fácil. Ellos trabajaron duro para asegurarnos comida, techo, buena ropa y zapatos para ir a la escuela y absolutamente todo lo que necesitábamos. Me acuerdo que nosotros teníamos el mejor equipo para jugar béisbol, buenos guantes para batear, buenos zapatillas de béisbol tremendos bates, en comparación con los de los otros nenes. Casi que el equipo completo de la Pequeñas Ligas usaba mi bate, porque Papi nos compraba lo mejor. Yo usaba un bate por un par de años y entonces salía uno nuevo al mercado. Ahí era cuando Papi iba para la tienda de cosas de deporte y llegaba a casa con el bate nuevo. Así pasaron esos años mágicos de mi niñez. Eso es así, lanzar un juego sin hits o batear un cuadrangular era algo grande, pero tener equipo nuevo eso era la gloria.

A decir verdad, yo no era buen estudiante. Me resultaba difícil porque no podía concentrarme allí sentado en el salón de clase, oyendo a la maestra por más de una hora. A lo mejor tenía déficit de atención, pero en ese tiempo nadie sabía mucho de eso. Por otro lado, mi hermano era buen estudiante. Creo que Papi y yo somos iguales y simplemente no sentíamos esa pasión por la escuela. Pero mis padres me hicieron estudiar bastante. Mami se sentaba conmigo en la mesa del comedor y trabajaba conmigo las asignaciones todas las noches, hasta que las terminaba. Después me hacía estudiar las asignaciones por 40 minutos más. Leer de arriba para abajo y de abajo para arriba, de arriba para abajo y de abajo para arriba otra vez. Y gracias a su ayuda mejoré mucho. Pero con todo y eso yo no aprendía mucho, porque mi cabeza, desde chiquito, estaba siempre en el juego de béisbol. Me sentaba en aquel salón, con todos estos escenarios de béisbol en mi mente o me pasaba revisando los juegos del día antes, pensando, ¿Qué pude haber hecho de forma distinta, cómo puedo mejorar?

En el salón de clase yo no era un estudiante de A, pero en el parque de béisbol era un estudiante de A más. Aprendía rápido, captaba todo lo que me enseñaban y lo ponía en práctica. Con el pasar de los años, mis padres dijeron, *Oye, este nene tiene algo bien especial*. La escuela era siempre lo primero, pero ahora pensaban más en serio en el béisbol. A veces hasta me sacaban de la escuela temprano para llevarme a las prácticas de béisbol. Se dieron cuenta de que había algo especial en mí.

Nunca quise ser otra cosa que jugador de béisbol. Me imagino que si no hubiera jugado béisbol, sería camionero, porque me encantan los camiones. Cada vez que voy por la autopista, me encanta ver los de 18 ruedas. Así ha sido desde que era chiquito. Mis padres me compraban siempre camiones de juguete, los semi de gasolina o de contenedor. Eso es algo en lo que yo siempre pensaba. Pero en mi mente, sabía que no era lo que yo realmente quería ser. Yo quería ser jugador de béisbol.

De jovencito, cuando jugaba de lanzador, había veces que no permitía *hits*. Siempre bateaba con poder y siempre estaba en la base, pero los momentos que resaltan de mi carrera en las Pequeñas Ligas han sido siempre como lanzador. Cada vez que picheaba, picheaba el juego completo, al principio cinco entradas y más adelante las siete entradas. Yo no sabía si estaba pichando un juego sin hits, porque no había pizarras marcadoras. Yo no me enteraba hasta que terminaba la última entrada y el entrenador me lo decía. Los papás y mamás se alebrestaban y saltaban y gozaban viéndome lanzar y ponchar a todo el mundo.

Yo les di a muchos nenes con mi bola rápida, incluyendo a algunos amigos míos. Y algunos de ellos no quisieron jugar más porque tenían miedo de que les volviera a dar. Claro que eso me hacía sentir mal, ver a un nene en el suelo llorando después de haberle dado el bolazo. Sin embargo, lo que realmente no me gustaba era la tensión que eso causaba entre mis padres y los padres de los otros nenes. A veces los veía gritarse cosas cuando miraba hacia las gradas. Yo no quería que hablaran mal de Papi o de Mami, porque me daba mucho coraje. No era culpa de ellos. Yo no estaba tratando de darle al otro nene. Eso pasaba porque el lanzamiento se salía de ruta.

Con el tiempo, Papi decidió que mis días picheando iban a pasar a la historia; esa no era mi vocación. De hecho, ahí mismo rompí a llorar y estuve llorando 20 minutos sin parar. Yo no quería ser receptor. Yo quería lanzar entradas sin *hits* y batear cuadrangulares jugando tercera base. `Para ser justo con Papi, no era él solamente. Uno de mis entrenadores, el legendario Julio Pabón, dijo una vez durante una entrevista, "Tuvimos que sacarlo de lanzador porque tenía demasiada velocidad.

Honestamente hablando, podía matar a alguno de los nenes con los lanzamientos que tiraba".

José Rodríguez
Padre

"En su equipo de jóvenes mayores, que sería cuando él tenía como nueve años, Iván tuvo el récord de la liga de blanqueadas y cero hits como lanzador. Poco tiempo después, en un torneo que se llamaba "La Llanura", Iván bateó de hit y los tres hombres se colocaron en base, pero yo lo saqué de out. Le dije allí en ese momento, que él iba a ser receptor y que si a él no le gustaba cambiar de posición, yo nunca más iba a volver a verlo jugar, ni a ser su entrenador. Me alegro de que haya escuchado a su padre. A través de los años he sido entrenador de muchos jugadores y nunca he visto a uno tan disciplinado y dedicado como Iván. Por años dormía con el uniforme ce béisbol los viernes por la noche porque los juegos eran los sábados por la mañana".

"Una vez empezó a recibir, Iván siguió aprendiendo bien rápido. Si tú le enseñabas una técnica específica, la podía replicar inmediatamente. Era un sabio cacheando, en muchos aspectos. Y nunca quería parar. Podía estar llegando a casa después de un doble juego, comerse algo rápido y preguntarme a mí o a su hermano si queríamos salir afuera para practicar. Lanzábamos cientos de bolas a la tierra para que él pudiera bloquearlas. Nunca estaba cansado; él quería seguir jugando más béisbol. Yo nunca he sido testigo de una ética de trabajo como la de mi hijo, en toda mi vida. Es cierto que Dios le ha dado mucho talento, pero él ha llevado ese talento al máximo como pocos lo

hacen en este mundo. A los 13 años Iván ya era uno de los mejores receptores en la Isla".

Y así fue que comenzó mi carrera como receptor. En Puerto Rico jugábamos doble juego los sábados, así que podía o bien lanzar por la mañana y recibir por la tarde o recibir por la mañana y lanzar por la tarde. Esos días se hacían bien largos, pero cuando eres uno de los mejores jugadores del equipo, ves más acción. Sí, cuando no nos quedaban lanzadores todavía me dejaban lanzar de vez en cuando. Seguía disfrutando mucho lanzar. No sé si tenía lo que se necesitaba para llegar a las Grandes Ligas, pero lo dudo por mi estatura. En esos tiempos a los equipos les gustaba firmar a lanzadores grandes, de seis pies o más de alto. Hubo un año que los lanzadores de los Phillies de Filadelfia eran todos jugadores de 6'4"en adelante. Por eso Papi me dijo, "Me gustaría verte de receptor porque tú tienes el cuerpo, eres fuerte y ciertamente tienes el brazo". Deje de lanzar cuando tenía como 13 ó 14 años.

Al final llegué a medir 5'9". Papi mide como 5'8"y Mami como 5'4" (eso siendo generoso). Así que yo sabía que no iba a ser alto. Pero lo más raro es que aunque mis padres son bastante bajitos y mi exesposa y yo, los dos somos bajitos, tengo un hijo que mide 6'3". El padre de Papi medía más de seis pies y por parte de Mami, mi abuelo medía 6'5". Los hermanos de Papi todos miden seis pies o más de estatura, pero mi hermano y yo somos de la misma estatura. Así son las cosas, supongo. A lo mejor si llego a medir 6'3" hubiera ganado un trofeo Cy Young, pero por supuesto que por nada cambiaría lo que tengo. Parece que lo de ser receptor me salió bastante bien, ¿verdad?

Como entrenador Papi me ponía retos, pero no me gritaba. Siempre estaba ahí, velándome desde detrás de la verja mientras yo recibía. Cuando miraba para atrás, allí estaba él. Y aunque él no era receptor, iba por todo el terreno de juego cantando las bolas y los *strikes*. En ese tiempo Papi y mis tíos eran muy buenos jugadores de béisbol. No jugaron profesional, pero jugaron en las ligas locales. Papi bateaba con poder y mandaba las bolas fuera del parque de béisbol.

Tuve que aprender mucho sobre ser receptor más tarde mientras me desarrollaba, porque en las Pequeñas Ligas los corredores se quedaban en las bases. Como único se atrevían a tratar de robarse una base era si la bola se iba más allá del bateador. Pero definitivamente fue de Papi de quien aprendí cómo jugar el juego. Me dijo que me colocara adentro, que me colocara afuera, que no me quedara en el medio del plato, a dejar el guante abajo y a llevar la cuenta de lo que los bateadores habían hecho en su último turno al bate. Eso lo aprendí desde bien joven, porque él me enseñó todo eso. Esas lecciones, esos consejos, todavía los seguí usando en Grandes Ligas. Lo que es fundamental nunca cambia. Y nunca llegar a dominarlo lo suficiente. Un receptor joven no debería preocuparse por hacer tiros rápidos a primera base hasta que aprenda cómo bloquear la bola por uno de sus dos lados y a hacer el tiro a segunda.

Cuando llegábamos a casa no era a ver novelas o algo así en televisión. Hablábamos de béisbol y más béisbol. Eso incluía a Mami, que venía a los juegos y se prendía tanto que hasta les gritaba a los árbitros. Hablábamos de lo que había hecho en al juego, de por qué había hecho una cosa y no otra. Hablábamos de todo y era una conversación bien agradable. Podíamos estar 30 ó 40 minutos y después se acababa el tema. Después nos dejaban ser niños y nos íbamos a jugar al patio o a hacer lo que quisiéramos, claro, a menos que estuvieran dando algún juego de béisbol en la televisión esa noche.

A los ojos de mis padres el Juego de la Semana era obligatorio y mientras lo veíamos no se hacía nada más. A las 7:00 pm estábamos todos en el sofá para ver el juego entero sin nada entre manos, nada que pudiera distraernos de lo que pasaba en el terreno. En esa época en Puerto Rico daban por televisión muchos juegos de los Rojos de Cincinnati porque jugaba Tony Pérez, así que veía mucho a Johnny Bench jugando, quien como dije antes, era mi jugador favorito. Él lo hacia todo correctamente. Papi me decía que mirara lo que Bench hacía detrás del plato y yo no le quitaba los ojos de encima. Y él no era tan grande, como 6'1", no llegaba a las 200 libras y eso como que me hizo pensar que yo podía ser receptor en las Grandes Ligas. De hecho Bench era mi jugador favorito desde antes de ser yo receptor. Él llegó a tener unos números bien altos, a batear más de 40 cuadrangulares en dos ocasiones, ganó dos trofeos MVP de la Liga Nacional y 10 Globos de Oro, un record que mantuvo hasta que llegó alguien más.

También transmitían mucho los juegos de los Tigres de Detroit y me encantaba el guante chinita y negro del receptor que usaba Lance Parrish. Le dije a Papi "Me encantaría tener un guante así algún día" y al día siguiente fue y me compró uno. Más que cualquier otra persona yo siempre veía a Bench y lo él que hacía. Era un receptor excepcional que tiraba la bola a todas partes. También era bueno al bate y jugaba el juego con fuerza. Mucho de lo que yo hacía como receptor joven mientras crecía era lo que le veía hacer a él.

De jovencito como jugador, siempre estaba concentrado, anticipando, pensando en lo próximo que iba a pasar. Era un muchacho tímido que no hablaba mucho, pero cuando se trataba del juego de béisbol, yo era otra persona. Papi me enseñó a respetar el juego, especialmente a no perder la cabeza. Yo tiré bates y tiré cascos y me castigaron por eso. Papi me sentaba y no me dejaba jugar. Ese era mi castigo. Casi hubiera preferido un correazo en vez de eso. Cuando tiraba un bate o un casco, Papi me hacía recogerlo. Si tiraba un casco al terreno sucio, Papi me hacía recogerlo, limpiarlo y ponerlo de nuevo en su sitio. Me decía, "No hagas eso porque la disciplina es bien importante. Quiero que seas un jugador bueno y disciplinado. Quiero que tú des el ejemplo".

Él estaba tratando de enseñarme lo que debía hacer en vez de enfogonarme y lo que él me estaba diciendo era cierto. Mi temperamento mejoró mucho cuando llegué a las Grandes Ligas, pero seguía teniéndolo. Por mi parte, yo lo demostraba en la pista detrás del *dugout* en vez de hacerlo en el terreno de juego. Era porque me importaba mucho y a veces eso no es algo malo. Como jugador me encantaba oír que otro jugador de béisbol tiraba las cosas por todos lados, porque sabía que a ese jugador le importaba el juego. Así es como yo lo veía, Tiene que salirte del corazón. Si tenía cuatro turnos al bate, yo quería tener cinco hits. Si estaba de receptor quería un juego sin hits cada día y quería sacar de carrera a cada uno de los jugadores porque me forzaba a mí mismo a ser el mejor. Yo tenía la habilidad para ser bueno, pero quería ser el mejor.

Para mí, una de las claves es, y es también una buena lección para los muchachos jóvenes, especialmente los novatos, ponerse el equipo de receptor primero. Y dejarles saber que el equipo de receptor es todo lo que necesitan llevar como protección para jugar esa posición. La máscara te protege la cara, así que no le tengas miedo a la bola. Eso es algo que Papi me enseñó, no te vas a hacer daño. No desvíes la cara de la pelota. Cuando haces eso, el lado de la cabeza se queda sin protección. Así fue como él me enseñó y así es como le voy a enseñar a los muchachitos. Si les pregunto si quieren recibir, más vale que me digan la verdad. Se necesita estar listo para ser un receptor, porque no es una posición fácil de jugar y no hay mucha gente que pueda hacerlo. Yo gozaba cacheando de muchachito porque me mantenía en el juego concentrado. Detrás del plato tu estas dirigiendo el picheo, estas cacheando, estas recibiendo bolas y mandándolas de vuelta. Yo amaba estar en el juego y era parte de cada picheo cuando mi equipo estaba en el terreno de juego. Pararme en el jardín central durante varias entradas, sin hacer una sola jugada, hubiera sido bien fuerte para mí

Hay diferencia entre lanzar la bola como lanzador y hacerlo como receptor. Cuando se pichea, usted puede coger impulso, traer su pierna hacia atrás y tener toda la fuerza trayéndolo hacia el frente. Como receptor usted solamente puede mover sus pies. Un lanzador puede soltar la bola desde cualquier punto, pero como receptor usted tiene que lanzarla siempre desde el nivel de la oreja porque eso le ayuda a mantenerse abajo. Son dos tipos de lanzamientos diferentes. Los jardineros centrales lanzan de manera distinta que los jugadores del cuadro, los jugadores del cuadro lanzan distinto a los receptores y el lanzador tiene la ventaja de tener distintos ángulos para lanzar la bola.

Cuando estaba en el mejor momento de mi carrera, podía lanzar la bola a 92 ó 93 millas por hora desde el plato de *Home* hasta segunda base. Pero si trataba de lanzar para sacar al roba base del plato de *Home* posiblemente llegara solo a 88. Esa es la verdad. Por ejemplo, no puedo lanzar la bola como el tercera base y Globo de Oro Adrian Beltre de tercera a primera y Beltre no puede lanzar desde *Home* a segunda base como yo lo hago. Simplemente es distinto.

Creo que como en muchos otros sitios, algunos de los terrenos de juego en Puerto Rico eran buenos, otros malos y algunos horribles. Algunos tenían piedras grandes en al campo corto, En el parque donde nosotros crecimos, había una roca grandísima a los largo de la línea de primera base, que cubría casi el camino completo a primera base. Nosotros teníamos que correr alrededor de la piedra. A mí eso no me importaba porque yo solamente quería ponerme el uniforme y jugar béisbol. Los sábados, cuando teníamos juegos por la mañana, me levantaba temprano, con mi uniforme ya puesto, porque había dormido con el puesto y me iba al patio. A correr de lado a lado para calentar. Le pedía a Papi o a mi hermano que lanzara para yo lanzar. Desayunábamos rápido y nos íbamos al terreno de juego. Es difícil expresar en palabras la emoción que sentía esas mañanas que había juego. Apenas hablaba de nada que no fuera del juego.

Un recuerdo que se me ha grabado es de cuando entregaban los uniformes antes de que empezara la temporada. Corría para casa a ponérmelo y no me lo quitaba por unos cuantos días. Algunas noches también dormía con mi guante de receptor.

Un paso importante en mi desarrollo ocurrió cuando tenía 13 años y Papi me mudó a San Juan para que pudiera entrenar en la "Raiders Baseball Academy", una de las mejores en el país y que dirigía Luis Rosa. Todos los días llegaban seleccionadores nuevos. Viajábamos como equipo por todas partes, tanto en Puerto Rico como en los Estados Unidos. La primera vez que viajamos a la Florida a un torneo, era la primera vez que yo salía de Puerto Rico. Ganamos casi todos los torneos y éramos un equipo bien armado.

El primer seleccionador que habló con Papi fue Manny Batista, que estaba con los Rangers de Texas y él fue quien hizo posible que entrara en la academia. Allí jugué un par de años y después, a los 16 fue que algunos de mis compañeros de equipo empezaron a firmar contratos con las Grandes Ligas. Hubo una demostración en San Juan con un montón de equipos presentes. Sandy Johnson y Omar Minaya estaban allí por los Rangers, junto con Manny.

Ese día Rosa tenia alineados a cuatro receptores para correr, lanzar, batear y todas esas cosas buenas que te toca hacer cuando hay demostraciones y pruebas. Me toco el último turno del bonche, cosa que no me gustó mucho. Rosa pensaba que los otros receptores eran mejores prospectos, creo yo. En verdad, de entrada a la demostración ya sabíamos que los Reales de Kansas City y los Padres de San Diego estaban interesados, pero los dos equipos me querían para jugar segunda base por mi estatura. En ese tiempo yo meda 5'7". Entonces fue cuando Papi se paró y les dijo, "Si piensan firmar a mi hijo para jugar segunda base, están perdiendo su tiempo. Él es un receptor".

Ahí se acabaron las discusiones. Solamente quedaban los Rangers como equipo interesado en mí como receptor.

Sandy Johnson
Director de Reclutamiento de los Rangers
"Estando yo en el dugout, viene corriendo este seleccionador, Doug Gassaway, desde el jardín central, diciendo que había un tipo bajito que acababa de lanzar a 93 millas por hora a segunda base. Estaba hablando de Pudge. Qué hacía el por allá midiendo la velocidad de los receptores lanzando a segunda base, no tengo la más mínima idea, pero allí estaba. Le dije a Luis Rosa que el chico nos gustaba. Luis tenía a otros cuatro receptores que

le gustaban y todos firmaron por mucho dinero, pero yo le dije que esos no nos interesaban. Nosotros queríamos a Pudge. Él pesaba solamente como 150, 160 libras como mucho, pero tenía un brazo ágil, vivo, tremendas manos y podía batear. Me gustaría poder decir qué inteligente fui que escogí a un miembro del Salón de la Fama, pero todavía no. Pudge no era Pudge [a los 16 años de edad]".

"Desde el primer día él entró de lleno. No perdió tiempo. Estaba orgulloso de lo que estaba haciendo. Quería ser bueno. Estaba determinado a ser bueno. Si tenía un día malo, se disgustaba porque él estaba determinado a ser el mejor".

En literalmente 10 minutos, pasé de ser el último receptor en la lista de las pruebas a ser el primero, así que me puse el equipo y me fui al plato. Me hicieron varios lanzamientos para ver mi habilidad como receptor. Vieron que tenía las manos suaves y después del cuarto lanzamiento me pidieron que parara y dijeron, "No necesitamos ver más".

Lo próximo era hacer tiros a segunda base. Después del primer tiro dijeron "No es necesario que tires de nuevo". Un lanzamiento. No les interesaba verme batear ni nada más. Más tarde me enteré de que Sandy no quería que otros equipos me vieran jugar más y decidieran tratar de firmarme. Tiene que haber sido la prueba de selección más rápida en la historia del béisbol. Recibí cuatro picheos y lancé una vez a segunda base.

Minaya se acercó a mí después y me dijo que nunca había visto a un joven lanzar así. Ese día firmé por $21,500. Me acuerdo que firmé en el estacionamiento, encima del maletero de un carro. No hubo cámaras ni reporteros. Así fue. Papi, los seleccionadores o *scouts* de los Rangers y yo. Era el 27 de julio de 1988. Mi vida y la de mi familia nunca volverían a ser igual que antes. Aunque yo ciertamente tenía grandes sueños, como jugar en Grandes Ligas y ser un All-Star, la primer parte de mi trayectoria se había convertido en realidad. Ya era un jugador profesional de béisbol. Y sin embargo, seguía siendo un nene para tantas cosas, sólo tenía 16 años.

Estaba nervioso y emocionado. Estaba feliz de empezar, pero cuando llegó el momento de salir para Florida, me puse un poco nervioso porque era la primera vez que viajaba solo. Iba a vivir solo y a empezar mi propia vida.

Ese día que me fui, todos lloramos. Ahora recuerdo que miré hacia donde estaba mi familia desde el mostrador de la línea aérea y me dije a mi mismo, "Bueno, ahora estás por tu cuenta". Cuando ese avión despegó, había llegado el momento. No había marcha a atrás. Tenía dos maletas, una para mi ropa y otra para mi equipo de béisbol. Y fue un viaje difícil. Se suponía que volara de San Juan a Miami y de Miami a Sarasota y que allí me recogieran y me llevaran hasta Port Charlotte, donde iba a ser el entrenamiento de primavera. El vuelo de San Juan a Miami salió con demora y perdí el vuelo de Miami a Sarasota.

Como nunca había viajado solo, me sentí perdido y no sabía qué hacer. Tampoco conocía a mucha gente en Miami que hablara español, así que no le pregunté a nadie. Por suerte, una señora que trabajaba en la sala de embarque me preguntó en español si yo estaba bien. Le expliqué lo que había pasado y ella me ayudó a encontrar a dónde tenía que ir. La mala noticia fue que no había más vuelos a Sarasota ese día y que el próximo vuelo era a las 4:00 de la tarde del día siguiente. No había alternativa, así que dormí en el aeropuerto, detrás de un mostrador con mis maletas. Estuve en la alfombra desde las 9:30 esa noche hasta las 4:00 del día siguiente cuando una señora me ayudó a reservar en un vuelo a Sarasota. Tuve que llamar a casa con cargo a Mami, ella llamó a Luis Rosa y él llamó a los Rangers para decirles que yo iba a llegar tarde. Para mí fue una bienvenida turbulenta a los Estados Unidos.

Viviendo la vida
del béisbol

NO ME GUSTABA MUCHO ESTAR LEJOS DE CASA POR PRIMERA vez, estar solo (por lo menos en términos de la gente que conozco, en especial de mis padres). Jugar al béisbol era divertido. Eso siempre ha sido divertido. Aprender a hacer la limpieza, a cocinar y a vivir solo, al principio estuvo fuerte. Hubo muchas noches en las que llamaba con cargo revertido a Puerto Rico y les decía a mis padres que quería volver con ellos. Más que nada, echaba de menos todas esas cosas que los padres hacen por uno y que no sabemos apreciar hasta que tenemos que hacerlas por nosotros mismos.

Papi me dijo claramente que yo no iba a volver para casa. Hasta Mami también me lo dijo. Me dieron fuerza diciéndome que me quedara en la Florida y que aprovechara la oportunidad con la que había sido bendecido. Me recordaron una y otra vez que esta era una oportunidad de las que llegan una vez en la vida.

Me imagino que debe ser algo así como ir a la universidad afuera, pero la temporada de béisbol es más larga que un semestre. Tampoco podía guiar hasta casa para lavar ropa. Y yo era como uno o dos años menor que el típico estudiante de primer año de universidad, acababa de cumplir 17 años unos meses antes de llegar a la Florida. Físicamente me sentía que estaba a la par con los otros jóvenes en el campamento de ligas menores. Medía 5'8"y pesaba 170 libras, pero había perdido casi toda la grasa de bebé. Y era rápido, desde el primer día era obvio que ninguno de los receptores tenía pies más rápidos que los míos.

Además de extrañar a la familia había otro problema. Se me hacía bien difícil comunicarme porque yo no hablaba literalmente ni papa de inglés. Bueno, quizás algunas palabras, pero eso no era precisamente hablarlo. Sí usaba una palabra con mucha frecuencia cuando me ponchaba o hacia un tiro malo.

La comunicación en el béisbol era un poquito más fácil. Había también jugadores y entrenadores hispanos y que también hablaban un poco de inglés, así que inventamos señales y eso. Los viajes al montículo, sin embargo, resultaron un poco retadores al principio.

Desde el primer día me di cuenta de que este sitio era para mí, que ningún otro de los receptores tenía la fuerza que tenía yo en el brazo. Mi bateo no dejaba a nadie sorprendido, pero como que todos sabíamos que eso era cuestión de tiempo. Toda la retroalimentación del primer campamento fue positiva.

En esos tiempos el sistema de ligas menores de los Rangers hacía un gran trabajo ensenándole inglés a los jugadores latinos. Las clases eran obligatorias después de los juegos y las rutinas de ejercicios. Y yo quería aprender. Me tomó como que un par de días darme cuenta de que mi vida iba ser 100% más fácil si podía hablar el mismo idioma que la mayoría de mis entrenadores y compañeros de equipo. La maestra era Nylsa Gómez, la esposa del entrenador Orlando Gómez. Había clase todos los días de 6:00 a 7:00 de la noche en un saloncito del hotel Days Inn en Port Charlotte, Florida. Nada más acabar la práctica y completar nuestro juego, teníamos un par de horas para comer y prepararnos para la clase. Éramos como 10 jugadores especialmente jugadores de la Republica Dominicana y Puerto Rico. Eso me ayudó mucho y la Sra. Gómez me daba tiempo extra después de la clase si me hacía falta. Ella era una maestra fantástica y fuimos bien afortunados de haber tenido esa oportunidad.

La televisión también me ayudó a aprender el idioma. Yo soy fanático de los deportes y me encantaba ver todos los deportes. Trataba de entender más del idioma inglés por medio de los deportes, así que tomaba notas durante los juegos y le preguntaba a la Sra. Gómez algunas palabras. Ese fue un elemento clave para que yo aprendiera el idioma más rápido.

Y que yo tampoco tenía miedo de hablarlo. Muchos de los jugadores más jóvenes no querían parecer estúpidos o arriesgarse a decir una palabra equivocada, pero yo no era tímido. Trataba de hacerlo mejor cada día. Era especialmente importante en mi posición de receptor ya que tenía que comunicarme con los lanzadores americanos, que sabían que mi inglés no era bueno, pero yo soltaba una o dos palabras que ellos podían entender. También hacía gestos con las manos y usaba el lenguaje del cuerpo para comunicarme detrás del plato y ayudarles a entender lo que les estaba diciendo. Después, cuando regresábamos al *dugout* lo hablábamos con los entrenadores como Rudy Jaramillo y Oscar Acosta que son bilingües. Esos primeros años trabajé casi tan duro aprendiendo inglés como jugando béisbol. Así de importante era eso para mí.

Cuando terminó el campamento, me asignaron a la Clase A Gastonia de la Liga Sur del Atlántico, lo que quería decir que me saltaba las ligas de los novatos, el nivel más bajito de la liga de béisbol. Siempre he estado orgulloso de eso.

Gastonia queda en Carolina del Norte. El pueblo tenía el parque de béisbol y eso era casi todo. Allí vivía con un bonche de jugadores en un apartamento alquilado. Eran dos cuartos para cinco jugadores. En la semana nos rotábamos las camas y los cuartos. Si ese día no te tocaba dormir en una cama, terminabas durmiendo en el sofá o en el suelo. Generalmente dormía en el sofá o en el suelo, porque no me resultaba cómodo dormir en la cama. Todos dormían en las camas y yo quería tener mi propio espacio. También era bastante bueno dormir en la alfombra. Doblábamos unas cuantas frisas y dormíamos ahí. Me sentía en el Cielo, durmiendo bien después de días largos en el parque de béisbol. El primer año no teníamos carro, pero había un centro comercial pequeño cerca al que íbamos caminando. No había muchas opciones en cuanto a comida, porque esto fue antes de que las ligas menores tuvieran despliegues de comida para los jugadores antes y después de los juegos. Bastantes masitas de pollo y sándwiches de mantequilla de maní y mermelada que comí. Cuando estábamos viajando por carretera era mucho McDonald's. En ese tiempo ordenábamos mucho de la comida chatarra porque era lo único sencillo de ordenar. Eso significa mucho Dominos' Pizza, Burger King y cosas así. Lo único que teníamos que decir era Número 1 o Número 2 y nos daban la comida, con lo cual se hacía fácil.

No me sentía intimidado por nadie. Yo estaba listo para jugar mi juego, aunque era muy joven. Lo primero que mi dirigente, Orlando Gómez, me dejó hacer fue jugar mi propio juego. El y el entrenador de receptores Oscar Acosta nunca me dieron señales. Yo siempre decidía sobre mi juego, desde la primera entrada que jugué en béisbol profesional. Hasta antes de eso. Para mí, y esto es porque Papi me inculcó que era yo quien decidía sobre mi juego porque es parte del trabajo del receptor. Esa era mi responsabilidad. Me parece una locura ver como ahora muchos de los entrenadores a todos los niveles desde escuela superior hasta universidad y los profesionales, son los que deciden los lanzamientos. Deje que el receptor se ocupe de eso.

Ese primer año, verdaderamente durante los primeros años, tuve que separar mi ofensiva de mi defensiva. Recibir se me daba muy natural. Eso no quiere decir no trabajaba duro en eso. Es que mi brazo y mis pies me convirtieron en un prospecto de los primeros casi inmediatamente. Batear eran otros veinte pesos. Eso fue un proceso. Al principio tuve problema bateando porque estaba empujando todo hacia el jardín izquierdo hasta que Rudy Jaramillo, el instructor de ligas menores que estaría conmigo por años, empezó a trabajar conmigo. Empezamos trabajando en la jaula y lo que me dijo fue, "Mira, tienes un bateo rápido por zona de *strike*. Quiero que te mantengas dentro de la bola y esperes a que la bola llegue a ti. Quédate de dentro para afuera de la bola y que trata de batear la bola de la otra forma." Trabajamos con eso y yo estaba cogiendo tiempo adicional de bateo todos los días. En vez de hacerle swing desde afuera, el me enseñó a irme de adentro hacia afuera. Ese era mi problema. Mi *swing* natural significa que yo estaba halando la bola hacia la izquierda todo el tiempo

Teníamos tremendo equipo ese primer año y terminamos con un récord 92–48. Yo jugué en la mayoría de nuestros juegos, bateando 238 con siete cuadrangulares y 42 RBIs, Esto fue mucho antes de la filosofía de hacer valer el trabajo del lanzador. A mí siempre me habían enseñado mientras crecía que le hiciera *swing* a un buen lanzamiento y en verdad eso es algo que no cambió a lo largo de mi carrera. Me dieron base por bola 21 veces, pero no por el lado del revés, yo ponía el bate en la bola.

Me ponché 58 veces y era el segundo con menos ponches en el equipo entre los que abrían el juego por nuestros.

Darren Oliver era el prospecto número uno para lanzador. Un zurdo con mucho poder que lanzaba a una velocidad entre 96 y 98 millas por hora y movía sus lanzamientos por todas partes del plato. Lo suyo era una bola rápida de corte natural. Muchos de los muchachos tenían problemas para ser su receptor y yo era el único que sentía cómodo porque ya tenía tremendas manos. Así que yo era el receptor en todas sus sesiones en el *bullpen*. Terminó jugando 20 temporadas en las Grandes Ligas abriendo los juegos o como relevista.

Otro lanzador que también tuvo éxito en Grandes Ligas, con más de 300 juegos salvados, fue Robb Back. En ese tiempo él era otra cosa. Un tipo con tremendo talento y con mucho talento para lanzar bolas rápidas y de las que se deslizan. Es obvio que era un lanzador poderoso, pero en esos momentos, no tenía buen control. Era un poquito errático, más todavía que Darren. En el comienzo de su carrera, cuando estábamos juntos en las ligas menores, yo casi que tenía que sentarme en el medio del plato para que me tirara la bola directamente a mí. Trabajaron con él para que adelantara en la cuenta y para asegurarse de que lanzara *strikes*. Lanzaba con tanta fuerza que a veces ni él mismo sabía para donde iba la bola.

La temporada en Gastonia no atraía mucho público a las gradas. Era una liga profesional, pero no lo parecía. El parque era viejo, me acuerdo que los postes de luz eran de madera. La casa club era como del tamaño de una sala de estar. Fue una temporada de aprendizaje para mí, porque nunca antes había estado lejos de la familia. Algo que me da mucho orgullo es que pude sobrevivir estando lejos de mis padres por primera vez. Papi vino a visitarme una vez, pero esa fue la única vez.

Después de trabajar en mi *swing* durante toda la temporada en Gastonia, jugué béisbol invernal por primera vez. Bueno, quizás había jugado béisbol invernal en Puerto Rico tiempo atrás, porque siempre jugábamos béisbol, no importa la temporada. No jugué mucho en mis primeros dos años como profesional en béisbol invernal, cosa que no era sorpresa porque yo era el más joven del equipo. El primer año fui el receptor del área de calentamiento y el tercero en línea al año siguiente.

Usé esos dos inviernos para trabajar en mi bateo. Me iba temprano para el parque y lo trabajaba. En Puerto Rico solamente usábamos bates de aluminio. La primera vez que agarré un bate de madera había sido en la academia hacia unos años. El proceso de ajuste fue grande, por supuesto, porque el aluminio pesa menos que la madera. Y a veces en el de aluminio el peso estaba distribuido a todo lo largo del bate. Por otro lado, si no agarrabas el bate de madera entre las manos, el peso estaba en la zona dulce del bate. Pero si lo agarrabas por el extremo, el peso se distribuía más parejo.

Recuerdo que cuando llegué al entrenamiento de primavera al año siguiente me dieron dos bates. Los dos bates eran de 34 pulgadas 32 onzas y ese es el tamaño que seguí usando en toda mi carrera. Nunca cambié. Era uno de los jugadores que tenía más bates que todo el mundo. No sé qué era lo que pasaba. Para practicar usaba diferentes modelos, pero cuando empezaba el juego era el bate de doble capa de 34 pulgadas, 32 onzas de Louisville Slugger.

Al año siguiente, en 1990, me ascendieron a Clase A Port Charlotte de la Liga del Estado de Florida, que fue bueno y conveniente, porque allí están localizados el campamento de entrenamiento de primavera y los cuarteles generales de las ligas menores.

Clasifiqué para el Equipo del Juego de Estrellas y era un mejor jugador porque había estado trabajando duro fuera de la temporada. En verdad use el béisbol de invierno en Puerto Rico para trabajar en muchas cosas, ya que no estaba jugando mucho. No tenía que pensar en recibir o llevar el juego. En vez, podía concentrarme en mi bateo. Me levantaba temprano cada día y salía a correr millas y millas, como si estuviera preparándome para una maratón. Corría con algunos amigos de cuando éramos niños, y les dábamos 15 millas un día, o pasados unos días ya corríamos 20 millas, íbamos de mi pueblo al próximo pueblo y de allí al pueblo siguiente y nos regresábamos. Paré de hacer eso porque sabía que no era la rutina adecuada para mi posición, pero me encantaba correr. Supongo que de alguna forma eso me ayudó a desarrollar resistencia en las piernas. Eso es como los lanzadores o hasta los boxeadores, que corren mucho, pero yo tenía que cuidarme las rodillas. Correr mucho no es una buena idea cuando estás agachado entre cuatro y cinco horas al día.

Correr era parte de mi rutina de ejercicio por la mañana y entonces por la tarde me iba al gimnasio de mi pueblo a alzar pesas. Esa fue la primera vez que realmente me dediqué a alzar pesas. Durante ese tiempo fuera de temporada vino de visita mi futuro dirigente con los Rangers, Bobby Valentine. Se pasó tres días en Puerto Rico solamente para entrenar conmigo en el gimnasio. Estoy seguro que solo quería desarrollar nuestra relación y también ver de donde yo era. Eso estuvo chévere. Significó mucho para mí, que era un chamaquito joven.

No puedo dejar de darle énfasis a una cosa: en mis tiempos, lo más que enfatizaban, por lo menos en la organización de los Rangers, era que fuéramos agresivos en el plato. Y yo era extremadamente agresivo, todavía más esa segunda temporada.

Me dieron base por bola 12 veces en 432 comparecencias con la Liga del Estado de Florida, pero aumenté mi promedio de bateo en 50 puntos y bateé siete tripletes. Estaba cubriendo el plato súper bien.

Yo podía batear bolas que venían bien por fuera. Siempre he sido buen bateador de bolas balas, desde que era un nene jugando con las ligas juveniles. Y trato de enseñar eso. A veces les digo a los jugadores jóvenes que no deben tratar de ser tan perfectos. La cabeza de su bate puede tener un alcance bastante afuera y todavía pueden darle a la bola en la separación.

Nada más miren a Vladimir Guerrero, que debería entrar al Salón de la Fama en 2018 después de quedarse corto por 15 votos para entrar con mi promoción. Él tenía una carrera increíble como bateador de bolas bien afuera de la zona de *strike*. Hasta llegó a batear unas cuantas que rebotaron primero y terminó su carrera con .318 de promedio de bateo y 449 cuadrangulares. Seguro que cualquiera puede competir con esos números.

El único lado negativo de mi juego en ese tiempo era que seguía halando todo. Cuando empecé a trabajar con Rudy él estaba bien positivo sobre mi bateo y me recomendaba que hiciera el *swing* de adentro hacia afuera. "Mira, yo no quiero que cambies tu agresividad como bateador", me dijo. "Quiero que sigas siendo como eres y sigas haciendo el *swing*. Él estaba tratando de llevarme a guiar la bola por el otro lado en vez de alar de ella todo el tiempo. Trabajé eso en Puerto Rico y cuando vine a Port Charlotte tuve una temporada bastante buena en términos de la ofensiva. Pero a los Rangers no les importaba mi bateo. Se enteraron de que yo era un prospecto para las grandes ligas por mi receptoría.

Algo que recuerdo es que los otros equipos de ligas menores no sabían mucho de mí. Sabían que tenía buen brazo. Yo podía sacar de *out* a la mayoría de los corredores que trataban de robarme una base y por eso mismo no corrían mucho. Se quedaban en primera base.

Nunca le puse mucha atención a si los Rangers pensaban que yo era de los primeros en la lista de prospectos o no. Mirando para atrás, es obvio que sí lo era. Me habían saltado por encima del béisbol de novatos hasta la Clase-A con 18 años, algo que no había pasado antes. Yo era tan jovencito que todavía no había empezado a afeitarme. Ya era jugador profesional de segundo año y ni siquiera me había afeitado por primera vez. Me veía tan jovencito que los agentes de seguridad del estadio no me dejaban pasar o pensaban que yo era carga bates.

Sin embargo, en esos momentos yo sabía que me trataban bien y trabajaban conmigo todo el tiempo para hacerme mejor. Nunca sentí que me dieran más preferencia que mis compañeros de equipo. Siempre me comporté con sencillez, solamente trataba de hacer mi trabajo en las menores y hacer realidad mi sueño más preciado.

Mi trabajo con los pies y el relevo detrás del plato me llegaron como algo natural y mi brazo bueno logró que todo sucediera. Mi estatura era perfecta. Ya para entonces yo había crecido por completo y medía como 5'9", quizás media pulgada más bajito. No medía 6'2"ni 6'4" y eso era una ventaja; me ayudaba a mantenerme abajo y a ser más rápido. Era tan rápido que ni sentía cuando hacía los lanzamientos alrededor de las bases. Era como por instinto. Yo decía por ahí va y dejaba que la bola se fuera. Cuando era un nene, en Puerto Rico, le tiraba bolas de tenis a una pared de concreto. Tiraba, la cogía y trabajaba los pies. . Eso me ayudó a estar seguro de que tenía la memoria muscular abajo. Podía estar horas haciendo eso.

Además, yo tenía la bendición de un tremendo brazo. Hasta me gané comentarios de mis propios lanzadores. Si yo lanzaba la bola a segunda base, ellos tenían que salirse de la goma de picheo porque si no lo hacían les podía pegar un bolazo en el mismo medio del estómago. Sí, en los intestinos, no en la cabeza. Así de bajita iba la bola cuando pasaba por el montículo de camino a segunda base. Una vez me acuerdo que con los Marlins de Florida Josh Beckett estaba lanzando y yo estaba de receptor y un corredor trató de robar base. Josh tenía cierta tendencia a doblarse y quedarse cerca de la goma cuando alguien estaba corriendo y esa vez la bola casi le da. Era un lanzamiento perfecto exactamente a las rodillas del hombre en segunda base y el corredor estaba fuera de base por cinco pies. Pero Josh me miró como si lo hubiera asustado. Le dije que la próxima vez debía moverse. Definitivamente que aprendió la lección porque nunca más lo volvió a hacer.

En el terreno de juego, la vida en Port Charlotte era mucho mejor que en Gastonia. Teníamos el mar y yo creo que el agua siempre es un elemento de paz. Éramos cinco o seis jugadores viviendo juntos de nuevo, pero esta vez en un lugar más amplio, una casa de cuatro cuartos. José Hernández que tuvo una carrera sólida en grandes ligas por 15 años vivía con nosotros, como a milla y media del parque de pelota y durante la temporada decidimos comprar un carro. Era un Oldsmobile viejo, en malas condiciones, pero nos llevaba de un lado para otro. El carro siempre tenía algún problema y con frecuencia eran los frenos. José era el único que tenía licencia, así que siempre guiaba él. Él decía, "Aquí vamos, sin frenos de nuevo. Agárrense". José usaba los cambios para bajarle la velocidad y acelerar y si todavía teníamos velocidad cuando íbamos llegando al parque, terminábamos en los árboles. Entonces José ponía el carro en reversa y despacito entraba en reversa al parque. Hoy nos parece algo cómico, pero en ese tiempo metía miedo.

También empecé a cocinar. Soy buen cocinero por eso. Me acuerdo que llamaba a Mami con cargo a ella dos y tres veces en semana para que me diera consejos de cocina. Yo hacía arroz blanco, habichuelas coloras, fricasé de pollo, carne guisada, lo que fuera. Iba caminando de la casa al supermercado, que quedaba como a una milla. Después tenía que volver a pie con la compra. Después de recibir nueve entradas y hacer la compra, ya estaba cansado cuando llegaba a casa. Así que terminaba no cocinando y haciéndome un sándwich. Pero cuando me ponía a cocinar, llamaba a Mami y le preguntaba, "Mami, ¿Cómo hago esto? ¿Qué tengo que echarle a esto otro? Aprendí a cocinar bien rápido. Eso era mejor que tanto "Chicken McNuggets" que había estado comiendo.

Ya en la próxima temporada Doble A Tulsa, estaba teniendo un buen año. Yo tenía 19 años. Geno Petralli estaba teniendo un año fantástico con los Rangers y tenía a Mike Stanley como receptor. Así que me dije, todavía estas a un par de niveles de llegar a las mayores y que pasar a Triple A primero. Estaba concentrado en tener otra buena temporada y seguir aprendiendo más, a seguir mejorando como jugador en una liga mejor. Por algún motivo la temporada no empezó bien para mí. Creo que bateé .200 después del primer mes. No tenía idea en esos momentos de que mi vida estaba por dar un cambio dramático y no solamente porque faltaban dos meses para casarme.

Rumbo a las Grandes Ligas

LOS ATLETAS SIEMPRE ESTÁN HABLANDO DE QUE HAY QUE concentrarse en la tarea que tenemos al frente, en coger las cosas día a día, sin mirar más allá de hoy. Y por muy aburrido que se oiga, la mentalidad ayuda a mantener la concentración. Para qué preocuparnos por lo que va a pasar dentro de dos meses, cuando es imposible saber en cuales circunstancias vamos a estar.

Cuando digo que subir de Doble A al equipo de los Rangers de Texas era lo último que me pasaba por la mente, créanme que así fue. Primero, que 99.9 por ciento de los jugadores que llegan eventualmente a jugar en Grandes Ligas van pasando una a una por cada etapa de las ligas menores: novato o "Rookie", Clase A temporada corta, Clase A Alta, Doble A y finalmente Triple A. No es nada raro que algunos jugadores pasen 5 ó 6 años en lo que van subiendo.

En mi mente yo iba a pasar 1991 completo con Tulsa y quizás después, el año siguiente podía empezar con nuestra afilada Triple A, que era Oklahoma City. Claro que como para cualquier otro jugador de ligas menores, al final jugar con los Rangers era mi sueño, pero no pensaba yo que ese día estaba cerca.

Cerca estaba mi boda con Maribel Rivera. De hecho habíamos ensayado en el terreno de juego. El plan era casarnos entre juego y juego de un doble programa al día siguiente.

Maribel se crió en Nueva York y se mudó a Puerto Rico cuando era una adolescente. Empezamos de novios cuando yo tenía 15, aunque ella le decía a la gente que al principio yo no le gustaba porque era bien callado. Por mi parte, yo no iba a aceptar su no por respuesta. Seguí insistiendo en que saliera conmigo. Cuando se murió su abuela, pasé mucho tiempo con ella durante ese periodo y ese fue como que el momento del cambio. Después de eso siempre fuimos pareja.

Cuando me fui al entrenamiento de primavera en 1991 ya llevábamos más de tres años juntos y estábamos hablando de casarnos. Éramos bien jóvenes, pero nos amábamos mucho y sabíamos que queríamos tener hijos y formar una familia. No podíamos estar en más sintonía con lo que iba a ser nuestro futuro.

Esta es una historia de locura. Antes de irme de Puerto Rico después de la temporada, Maribel me preguntó si podía visitarme cuanto se terminaran las clases en junio. Ella estaba en cuarto año de escuela superior. Ella quería estar segura de que no iba a distraerme y yo le dije que no iba a ser una distracción. Así que le dejé chavos para que comprara los pasajes para ella y su mamá, para que vinieran a verme en Tulsa una semana.

A mediados de mayo ella me llama y me dice, "Compré mi pasaje y me voy". Yo le dije, "¿Para dónde vas? ¿Regresas a Nueva York". Ella me contestó "No, voy para Tulsa. Voy para allá contigo". Le pregunté si estaba segura de que quería venir y me dijo "Sí, ya estoy decidida. Estoy lista. Tengo todo planeado. Llego mañana a las 11:45 de la noche".

Y allí estaba ella, saliendo del avión a las 11:45 la noche siguiente. Nos fuimos para casa, al sitio que yo estaba rentando. Al día siguiente me empezó a llamar todo el mundo desde Puerto Rico, diciéndome que no sabían dónde estaba Maribel. Todos estaban asustados. Su mamá y el resto de su familia estaban volviéndose locos porque no podían encontrarla. Yo hablé con Papi y él se dio cuenta por mi voz que pasaba algo. Papi me dijo, "Si ella está ahí contigo, es mejor que me lo digas, para saber que ella está bien. Pero tienes que decirme la verdad". Y yo le dije "Sí, ella está aquí". Se fue de la casa para estar conmigo y no se lo dijo a nadie". En esos momentos ya estábamos planificando la ceremonia.

El 20 de junio, el día en que estaba programado que nos casáramos, yo estaba bateando .274, una mejoría considerable después de estar coqueteando con la Línea Mendoza ese primer mes. Nunca he sido bueno al bate en clima frio. Muchos de los jugadores de Puerto Rico pasan por eso porque estamos acostumbrados a un clima más caliente.

Mi dirigente, Bobby Jones (que también lo había sido en Port Charlotte) me llamó por la tarde antes de la práctica de bateo. Entré a la oficina de Bobby y me dijo, "Tengo par de preguntas para ti: ¿quieres casarte y quedarte aquí en Tulsa? ¿O quieres jugar en las Grandes Ligas?". Yo le dije, "¿Qué quiere decir eso? Claro que quiero jugar en Grandes Ligas". Y me dijo "Bien, entonces estas fuera de la nuestra alineacion. Te están llamando y tienes que estar en Chicago mañana. Necesitas hablar con tu novia porque no vas a poder casarte. Se tienen que ir ya". Y le contesté, "No hay problema, no hay problema".

Si miro para atrás, parece que otras personas esperaban que pasara eso más que yo, aunque iba a ser el jugador más joven en las Grandes Ligas. "Todo el mundo sabe que su nivel de jugador es de franquicia. Nunca he visto a receptor de ligas menores con el nivel que tiene él", dijo Jones al periódico "The Dallas Morning News" el 16 de junio de 1991. "Es cuestión de tiempo que entre la llamada para que se vaya. Es el más rápido en llevar la bola de su guante a la mano y hacer el lanzamiento. No le roban bases. Además sus decisiones sobre el juego son buenísimas. Los lanzadores ignoran sus señas quizás una vez en cada juego. Cuando él está recibiendo no tienes que preocuparte por lanzamientos fuera de la zona de *strike* o bolas perdidas del lanzador al receptor. Él tiene el control de todo desde el momento que se pone la careta".

Estaba sorprendido, porque no había pensado mucho en si me iban a llamar o no. Estaba tan concentrado en lo que estaba haciendo en Tulsa y estaba teniendo un año muy bueno y tenía trabajo todos los días. Cuando me dieron la noticia, pensé que lo estaba soñando. De verdad que le pedí a Bobby Jones que me lo volviera a decir. Le pedí a Oscar Acosta, nuestro entrenador de lanzamiento, que viniera y me lo dijera en español, no fuera a ser cosa de que yo no hubiera entendido algo. Oscar sonrió y me dijo ¡"Vas para las Grandes Ligas!"

Papi y mi hermano estaban visitándome esa semana. Ya estaban en el parque. Habían venido a Tulsa para la boda y a ver algunos juegos. Los hice bajar de las gradas y les dije, "Tengo que salir para Chicago. Me llamaron, ¡Soy de Grandes Ligas!" Ellos estaban felices y todos nos abrazamos, pero ellos tuvieron que quedarse en Tulsa dos días más antes de regresar a Puerto Rico. Cuando ellos se fueron, ya yo estaba en Chicago.

Siempre sentí mucho aprecio por los Rangers y su gerente Tom Grieve por haberme dado a escoger entre quedarme un día y casarme o volar inmediatamente a Chicago. A Maribel no le cayó muy bien eso de posponer la boda, pero me apoyó por completo en mi decisión.

Siempre surge confusión sobre la fecha en que nos casamos oficialmente. El "New York Times" y otros periódicos publicaron historias de que nos habíamos casado en el tribunal de Tulsa esa mañana antes de que yo saliera de viaje. Las cosas no fueron así. Acabamos casándonos durante el entrenamiento de primavera al año siguiente en Port Charlotte. No hicimos nada en Tulsa. No tengo idea de donde salió esa historia pero se convirtió en una especie de evangelio.

Maribel y yo viajamos a Chicago y aunque no había dormido más que dos horas la noche antes, estaba demasiado excitado para cerrar los ojos durante el vuelo. Llegamos al hotel del equipo tarde en la tarde y unos segundos más tarde estaba en camino a Comiskey Park. Este se estaba convirtiendo en mi día. Maribel no tenía idea de cómo llegar el parque y se quedó en el hotel.

No esperaba jugar esa misma noche en Chicago. Pensar que el día antes, me desperté pensando que me iba a casar y a jugar un doble partido en Tulsa y salí del parque en Tulsa para aeropuerto. Aterricé, fui del aeropuerto al hotel del equipo y del hotel al parque. Algunos de los entrenadores me estaban esperando en el vestíbulo. Querían asegurarse de que llegara temprano del hotel a Comiskey Park. Ya cuando llegué al parque, Bobby Valentine me dijo "Bienvenido. Estás en la alineación de hoy. Vas a estar jugando y tienes el noveno turno al bate".

Espérate, ¿Qué?

El que fuera comentarista de los Rangers y una leyenda como radio locutor, Eric Nadel, se me acercó después de la práctica de bateo para hacerme una entrevista corta para el programa antes del juego. Yo acepté y eso demostró lo mucho que había mejorado mi inglés en dos años nada más. Como Maribel se había criado mayormente en Nueva York, ella hablaba inglés y lo hablábamos todo el tiempo. Supongo que eso también me sirvió de práctica, parecido al trabajo con mi bateo. Si yo decía algo mal en inglés mientras hablábamos, ella me corregía.

Hablar en inglés no me daba miedo y esa es la forma de hacerlo. Si tienes miedo o si tratas de hablar en inglés, pero estas pensando en español probablemente no te va salir bien. Tienes que estar seguro de ser tú mismo, esa persona que tú puedes ser. Y eso fue lo que hice. Yo no quería pedir ayuda para que me dieran la traducción. Sabía que si seguía pidiendo que me ayudaran más nunca iba a mejorar.

Para mí era tan importante aprender el idioma, porque sabía que me iba a ayudar en mi capacidad como jugador, como receptor y como bateador. Eso iba a darle velocidad a todo y a mejorar mi comunicación con el lanzador, aunque no me ignoraban mucho cuando me paraba detrás del plato. Ni tan siquiera Nolan Ryan me ignoraba mucho.

La última pregunta que me hizo Nadel fue si Valentine me había dicho que era solamente por dos semanas hasta que sacaran a Geno Petralli de la lista de los lesionados. Yo le contesté: "Eso fue lo que me dijeron. Pero nunca voy a volver para atrás".

Estoy bastante seguro de que nadie se imaginaba en esos momentos que los dos íbamos a recibir el honor de entrar al Salón de la Fama. (Nadel recibió el premio Ford C. Frick en 2014 por su excelencia como comentarista).

Petralli tenía 31 años cuando me subieron y había sido el receptor que abría juego durante la mayor parte de las temporadas antes de que yo llegara. Era grande y sólido como una defensa detrás de la almohadilla de *Home*. Stanley era unos años más joven y más tarde en su carrera fue un All-Star de los Yankees de Nueva York. Podía batear y terminó su carrera con casi 200 cuadrangulares. Ellos eran más o menos como un pelotón de guerra, con Petralli abriendo juegos frente a lanzadores derechos y Stanley frente a los zurdos.

Aunque no conocía a la mayoría de mis compañeros de equipo, aparte de haberlos visto en el entrenamiento de primavera, había una cara conocida, era "Igor" González, que también era de Vega Baja. Era como dos años mayor que yo, pero habíamos jugado como contrincantes mientras íbamos creciendo. Igor era un jardinero central, poderoso al bate que estaba en mitad de su temporada explosiva con 27 cuadrangulares y 102 RBIs para empezar.

El día que González firmó con los Rangers, yo estaba en el parque y le dije que algún día íbamos a jugar juntos en Grandes Ligas. Cuando llegaba a las casas club de las ligas menores, siempre chequeaba los resultados de los juegos en los periódicos y siempre buscaba primero los de Igor.

Tito Rodríguez
Hermano mayor

"Se iba a celebrar esta serie importante en nuestro pueblo y los equipos de Iván y Juan eran contrincantes. Creo que Iván tenía como nueve, así que Juan tenía como 11 años. Un sábado jugaron doble partido y en el primer juego Iván picheó y su equipo ganó 1–0. Creo que ponchó en 20 turnos al bate en siete entradas. No le podían batear las bolas. En el segundo juego, Juan picheó y él ganó 1–0. Ese día fue especial. Era evidente que estos dos seres estaban destinados a hacer grandes cosas en el béisbol. Yo nunca había visto, ni he vuelto a ver a tantos fanáticos en un parque para ver un juego de pequeñas ligas. Todo el mundo quería verlos jugar como contrincantes. Qué cosa increíble, pensar que estos dos muchachos de un pueblo pequeño en Puerto Rico jugando juntos para el mismo equipo en las Grandes Ligas. ¿Cuáles son las probabilidades de que eso ocurra?"

Mi primer juego con los Rangers tuve a Kevin Brown en el montículo. Kevin ganó más de 200 juegos en las Grandes Ligas y era uno de los mejores lanzadores derechos de su tiempo. Trabajábamos bien juntos. Kevin era rápido en el plato, cosa que me ayudaba a reaccionar más rápido. El primer jugador al que saqué de *out* fue Joey Cora, que se robó 117 bases en Grandes Ligas. Lo saqué de *out* por 10 pies. Nuestro hombre en segunda base, Julio Franco, capturó la bola perfectamente y esperó a que llegara Cora en una escena así como de *Major Leagues*, pero sin el dedo del medio. Yo sé que Julio me miró como diciendo, ¿Será posible muchacho? ¿En serio? Me imagino que nunca había visto a un cácher lanzar a segunda base a 92 millas por hora.

Tres entradas más tarde, por motivos de los que nunca he estado seguro, Warren Newson llegó a primera y trató de robarse la segunda base. Y tuvo el mismo resultado.

Empezando la primera mitad de la novena entrada estábamos abajo 3–2. El cerrador de las Medias Blancas era Bobby Thigpen, que marcó un récord con 57 juegos salvados en la temporada anterior. No pudo contra nosotros porque Rubén Sierra, el jardinero central All-Star y puertorriqueño y Franco batearon sendos cuadrangulares.

Las Medias Blancas pusieron a Melido Pérez a lanzar. Teníamos corredores en segunda y tercera base con dos *outs*. Y yo estaba en el plato. Apenas 12 horas antes había entrado al parque en Tulsa pensando que era el día de mi boda. Ahora estaba aquí, en uno de los parques con más historia en el juego y el conteo era de dos bolas y un *strike*.

Conecté una línea por el espacio muerto del jardín central y los dos corredores anotaron. Mi primer hit. Mis dos primeros RBIs. Un momento increíble ese cuando me paré en primera base. A alguien se le ocurrió pedir la bola, algo que le agradezco mucho porque en ese momento yo estaba aturdido. Todavía conservo esa bola. Después del tercer *out* cuando iba caminando hacia el *dugout*, me di cuenta de que ninguno de los jugadores venía corriendo al terreno para la segunda mitad de la novena entrada. Estaban todos esperándome para darme la mano, chocarla conmigo, y abrazarme. Es un momento que vivirá conmigo para siempre. Ganamos el juego 7–3.

Cuando acabó el juego todos los medios noticiosos entraron a la casa club. Yo estaba saliendo de las duchas para ir a mi casillero y tenía una toalla por la cintura. Mi ropa había desaparecido, que supongo era una broma que me gastaron los jugadores veteranos por ser yo el novato. Vi que había tres reporteras allí paradas, así que me puse tímido para hablar con ellas con sólo la toalla puesta. Estaba bien avergonzado. Con todo y eso, fue un día mágico.

Mi gran recuerdo de ese juego es el lanzador que abrió el juego por mi equipo,: Nolan Ryan. Era algo increíble. Yo me había criado viéndolo ponchar a todo el mundo. Todavía tiene el récord de Grandes Ligas con siete juegos sin hits y 5,714 ponchados a lo largo de su carrera. Nolan tenía 44 años y yo solamente 19. Ese fue otro momento para la historia de Grandes Ligas, con uno de cuarenta lanzándole a un adolescente.

Nos reunimos con el entrenador de lanzamiento, Tom House, y repasamos los informes de los *scouts*. Nolan le dijo a Tom, "No te preocupes por esos. No hace falta". Me miró y me dijo, "Pudge, tu hazme señas con los dedos, que yo hago el tiro". Yo sabía que él era un pícher con mucho poder, así que los dedos principales que le bajaba eran para bolas rápidas. Terminó lanzando 85 ó 90 por ciento de bolas rápidas esa noche y solamente permitió un hit.

Me esforcé para pedirle muchas bolas rápidas y me di cuenta de que le gustaba eso. Así que una de mis primeras señas para que lanzara era de bola rápida, no importa cuál fuera la situación, hubiera corredores en bases o no, sin importar por dónde iba el conteo de lanzamiento, no importaba nada, simplemente que lanzara esa bola rápida por la parte de adentro. No me ignoró. Nolan dijo al principio del juego, "Si no te hago señas o algún movimiento dirigido hacia ti, el próximo va a ser el mismo lanzamiento, solamente tienes que cambiar de ubicación". Lo absorbí todo muy rápido. Escogía una bola rápida, me quedaba ahí, entonces iba a por un lanzamiento. Lo dejaba lanzar la tensión y cambiaba mi guante de lugar.

Nolan tenía edad suficiente para ser mi padre y mirando al pasado, él fue como un padre para mí. Pasamos mucho tiempo charlando sobre lanzadores y la forma en que piensan. Los consejos que me dio, las preguntas que me contestó se quedaron conmigo por los siguientes 20 años. Sin Nolan Ryan alrededor mío esas primeras temporadas, yo no hubiera llegado a ser un receptor como el que he sido. Después de ese primer juego, dijo, "Ese es el muchacho que quiero detrás del plato y quiero hacerle lanzamientos en cada juego".

Esas palabras son de gran valor para mí. Es más, todavía lo son.

Crecí con un bonche de jugadores veteranos como Nolan, Brown, Dean Palmer, Kenny Rogers, Franco, Steve Buechele, Sierra and Stanley, que me enseñaron y me ayudaron muchísimo. Él podía haber tenido coraje o sentirse amargado ya que no estaba ejerciendo de receptor con frecuencia ya, pero al contrario, me recibió bien y me hizo su alumno. Recuerdo que más tarde en mi carrera siempre trabajé con los muchachos jóvenes, inclusive si estaban tratando de quedarse con mi trabajo. Esa lección la aprendí de Mike.

Esos caballeros me educaron con su ejemplo y sus palabras, me iniciaron en lo que significa ser un jugador de Grandes Ligas. Ellos me enseñaron a comportarme, a cómo tratar a los fanáticos y a los medios noticiosos con respeto. Y también a jugar fuerte todo el tiempo. Si algo aprecio de esos primeros años es que nunca me trataron como a un niño. Me trataban como a un adulto. Tuve la suerte increíble de ser puesto en esa posición y de rodearme de jugadores de béisbol de primera clase en esos equipos de los Rangers.

KENNY ROGERS
LANZADOR ZURDO DE LOS RANGERS

"Cuando Pudge llegó por primera vez, desde el primer momento nos dimos cuenta de lo buen jugador que era. Él era mucho mejor que los receptores con los que habíamos jugado o a los que habíamos visto jugar. Solamente teníamos que concentrarnos en hacer buenos lanzamientos y entender lo que queríamos lograr.

"A los 19 años su talento ya era innegable. Sin duda que cuando lo trajeron no era para dejarlo sentado. Y cuando estabas empezando como lanzador, él era el hombre que querías recibiendo por todos los elementos que él aportaba al juego. En términos de talento, no conozco a ningún receptor que pudiera hacer tanto o incluso las mismas cosas que él. Comparado con todos los demás, él era mucho mejor jugador. Si hacía falta un cuadrangular, él lo bateaba. Si necesitábamos sacar a un roba base, él lo sacaba. O sea, si había forma de hacerlo, de seguro que él encontraba la

manera de sacar al hombre de out en la almohadilla de
Home por cuenta propia".

Mi temporada como novato me fue bastante bien.
Terminamos 65–77, en tercer lugar de la Liga Americana del
Oeste. Yo jugué en 88 partidos, bateé .264 y acabé cuarto en la
votación por el Novato del Año de la Liga Americana. El primer
lugar se lo llevó Minnesota, con Chuck Knoblauch, segunda
base, que jugó en 151 partidos. Yo saqué de *out* a casi la mitad
de los que trataron de robarme una base (34de 70) y ese 49 por
ciento de atrapadas a roba bases estaba a la cabeza de la liga para
receptores que jugaron en por lo menos la mitad de los juegos en
que participó su equipo.

Sin embargo, todavía podía crecer más. Mi primer
cuadrangular no llegó hasta el juego número 59, el 30 de agosto,
en un juego contra el lanzador Storm Davis de los Reales
de Kansas City, en el estadio de Arlington y terminé el año
bateando dos más. Y mi disciplina en el plato, pues digamos
que no era mi fuerte. Me dieron base por bola sólo cinco veces
en 288 comparecencias en el plato. Aun así, ¿Cuántas personas
logran hacer realidad su sueño antes de cumplir los 20 años? He
sido tremendamente afortunado. ¿Y saben qué más? Me probé a
mí mismo que podía jugar con estos hombres al nivel más alto.
Y en ese momento, no había límite a lo que podía lograr.

Periodo de iniciación

UNA DE LAS PREGUNTAS QUE MÁS ME HAN HECHO A LO LARGO de los años es: Quién ha sido el mejor lanzador para el que he sido receptor. Y desde mi temporada como novato hasta la última vez que me agaché detrás del plato, siempre menciono al mismo hombre. Se llama Nolan Ryan.

Sí, ya yo sabía todo sobre él desde antes de recibir para él en mi segundo juego en las Grandes Ligas. Además, él ya era parte de la organización de los Rangers cuando yo estaba en la ligas menores. Estando yo en el campamento de las ligas menores lo veía lanzar durante el entrenamiento de primavera. Siempre nos gustó ver los juegos de Grandes Ligas y tratábamos de completar todo nuestro trabajo temprano, cosa de salir a la 1:00 PM para verlos. Nuestras instalaciones en Port Charlotte, Florida, tenían un área de picnic alrededor de la zona calentamiento en el *bullpen*, así que cuando Nolan estaba allí calentando yo también estaba por allí. Siempre lo escuchaba cuando hablaba de lo que le gustaba hacer, lanzar o entrenar. ¿Qué puedo decirles? Todo lo que Nolan decía era como ley divina para mí.

Acabando yo de llegar, ya sabía que uno de mis primeros lanzadores iba a ser él y yo lo veía como a cualquier otro lanzador. No me sentía intimidado por el hecho de recibir para él. Quiero decir, él era mayor que yo y llevaba 20 años en el béisbol cuando yo llegué, pero la mejor parte fue que hicimos *clic* bien rápido. Empecé a hacer cosas detrás del plato que a él le encantaron y por eso trabajábamos tan bien juntos.

Nolan es una persona muy callada, pero igual si le haces una pregunta, él siempre saca tiempo para contestártela, para tratar de ayudarte. Me enseñó mucho sobre lanzar y hasta de cómo recibir.

Cuando jugábamos juntos, él siempre se mantenía muy serio y profesional mientras hacía sus entrenamientos. A veces le perdíamos la pista y era que se había ido al parque de béisbol, aunque también pasaba un montón de tiempo montando bicicleta estacionaria. Nolan corría bicicleta una hora y media o dos, de allí se iba al gimnasio y después al terreno de juego. Ya para cuando llegaba al terreno, nosotros estábamos estirando y en la práctica de bateo. En el antiguo Estadio de Arlington, él siempre venía por el jardín derecho a lanzar bolas y corría por la pista de calentamiento. Después entraba de nuevo y seguía corriendo bicicleta. Finalmente, cuando empezaba el juego, salía y se sentaba. Conversaba a veces con él, pero no mucho porque él siempre estaba bien concentrado. Y eso era así hasta en los juegos en los que él no era el lanzador. Era muy intenso y su ejemplo era definitivamente uno que yo trataba de seguir.

Como jugador joven, yo me daba cuenta de todo el trabajo extra que él hacía teniendo ya 43, 44, 45 años. Párese un momento a pensar en esto: menos del 1 por ciento del 1 por ciento de los jugadores de béisbol de Grandes Ligas siguen jugando activamente a los 40 años. Yo me retiré antes de cumplir los 40 años y sin embargo Nolan no vino a jugar con su nuevo equipo, los Rangers, hasta que tenía 42. Ya después lanzó el tiempo suficiente para que el equipo sacara de circulación su número de jugador. Es increíble que a lo largo de su carrera sacó de *out* como 1,000 intentos al bate y lanzó dos juegos sin permitir un solo *hit*. Lo pienso y me parece increíble.

En aquel entonces todos entrenábamos mucho con ejercicio, yendo al gimnasio y haciendo las cosas que teníamos que hacer para mantenernos en forma. Cuando llegué a las Mayores en 1991, veía a jugadores como Nolan, Julio Franco, Rubén Sierra, Juan González, Kevin Brown, Kenny Rogers, hombres que estaban siempre en el gimnasio, ejercitándose y alzando pesas. Ese era un equipo que sabía lo importante que es mantenerse en forma. Y por eso jugábamos tan bien.

El último juego en el que Nolan lanzó, en Seattle, el 22 de septiembre de 1993, era obvio que él la estaba pasando mal. Miraba mucho hacia el dug*out*, a nuestro dirigente, Bobby Valentine. Estaba mirando mucho a su alrededor y yo sabía que algo andaba mal. Así que me acerqué al montículo y le pregunté, "¿Estás bien? Me dijo, "Estoy cansado".

También le dolía el codo del brazo con el que lanzaba y después del juego nos enteramos de que había tenido un desgarre del ligamento cubital lateral desde hacía unos cuantos lanzamientos atrás. Él estaba fuera de control y sus lanzamientos salían en todas direcciones. Les dio base por bola a los últimos seis jugadores al bate.

Entonces Bobby se acercó, Nolan le entregó la bola y esta leyenda de hombre por el que sentía y siento tanta admiración, estaba acabado. Lo vimos salir del terreno, algo que un dirigente y un lanzador nunca hacen, pero esto era diferente. Sabíamos que este era el final. El padre tiempo es el único invencible, aunque quizás en el caso de Nolan fuera un retiro porque ya tenía 46 años en esos momentos. Yo salí electo al Salón de la Fama un par de meses después de haber cumplido los 45 y parece mentira que Nolan a esa misma edad seguía lanzando. Cinco días antes de ese último juego, Nolan no había permitido ni una carrera en siete entradas frente a los Angelinos de California.

Lo más chévere de todo fue que el público del equipo contrario le dio una ovación de pie bien bonita, como dándole las gracias por una carrera inigualable. Nolan iba caminando hacia el dug*out* y en *The Kingdome,* el viejo estadio de los Mariners, no había escalones. Era todo como una rampa hasta adentro. La puerta que llevaba de vuelta a la casa club estaba en el medio del *dugout* y todos estaban afuera dándole la mano. Nolan no se quedó mucho rato. Siguió derecho camino de la casa club.

Fue muy duro. Da pena ver a personas así alejarse. Por eso cuando yo me retiré, sabía que podía seguir jugando unos años más, pero no quería llegar a ese punto. Nolan jugó 27 temporadas y se retiró a los 46 años. ¡En serio! Él lanzó desde 1966 hasta 1993 y todavía al final seguía lanzando a 96 ó 97 millas por hora. Nunca habrá otro Nolan Ryan. Aunque para mí, él es antes que nada, un gran hombre y un amigo.

Esos primeros años con los Rangers, teníamos un tremendo equipo de lanzadores, de verdad que sí. Nolan, Kevin, José Guzmán y Bobby Witt. Kenny en ese tiempo venía casi siempre de la zona del *bullpen,* pero ya había abierto algunos juegos aquí y allá. Jeff Russell era un lanzador cierra juegos. Imagínese lo que era ese equipo. Cualquier equipo de béisbol aceptaría a ese grupo. Por esos hombres yo tenía que jugar el mejor de mis juegos, para que se sintieran cómodos con un muchachito como receptor.

Con Kevin, si uno no sabía cómo recibir ese lanzamiento de bola baja, una de las bolas bajas más desagradables que ha visto el béisbol, podías fácilmente romperte un dedo pulgar. Esa bola baja se movía desafiando a la física. Después de jugar juntos en unos cuantos partidos, ya no me era tan difícil, pero ya vieron el trabajo que le dio a los receptores y bateadores de *hits* a lo largo del resto de su carrera.

Pensando en todos los lanzadores para los que he recibido, al principio y después más tarde en mi carrera, lo bueno era que se sentían cómodos teniéndome detrás del plato. No hay nada más importante para un receptor. Cierto es que yo no era perfecto y a veces hice cosas que no se suponía que hiciera, pero al mismo tiempo trataba de dar lo mejor de mí para ayudarlos. Siempre he dicho que, y creo que ésta debería ser la mentalidad de todos los receptores, prefiero ayudar a un lanzador a tener éxito, antes que batear mil cuadrangulares. Para mí, decidir sobre el juego y ayudar a un lanzador a estar en su mejor condición, deben ser las metas de todo receptor.

Empezando mi segunda temporada, el 17 de abril de 1992 para ser exactos, tuve uno de esos momentos de bienvenida a las Grandes Ligas. En algunos aspectos, no se llega a ser un receptor de Grandes Ligas hasta que Rickey Henderson trata de robarte una base. Ese es Rickey Henderson, el mejor de los bateadores para abrir juego que hayan jugado béisbol. Robó 1,406 bases a lo largo de su carrera, cuando nadie más ha llegado ni a 1,000. Rickey fue líder en bases robadas de la Liga Americana 11 de los 12 años entre 1980 y 1991, incluyendo la ridícula cifra de 130 en 1982. Esas son tres más que las que tuve en toda mi trayectoria y solamente cinco receptores en la historia del béisbol han robado más bases que yo.

Rickey se robó la segunda base en mi juego casi al final de mi temporada como novato. Estábamos en la séptima entrada y le estábamos ganando a los Atléticos de Oakland 6–5. El conteo estaba en dos *outs* con corredores en las esquinas, con Rickey Henderson en primera base. Kevin estaba lanzando por los Rangers. Yo me esperaba que Rickey corriera al primer lanzamiento y allá fue Rickey con un brinco bastante alto también. Mi tiro, que registró 93 millas por hora, lo sacó de carrera en segunda base y ahí se acabó la entrada. Si mi tiro no llega a ser perfecto, se hubiera robado la base. Henderson se deslizó en el guante de Jeff Hudson en segunda base según se acercaba la bola. Ese juego lo ganamos por una carrera.

Al día siguiente, cuando estaba terminando la práctica de bateo, Rickey se me acercó en la jaula y me dijo. "Te debo una, ¿tú sabes? Te debo una bien grande. No me vayas a hacer eso a menudo".

En esos momentos yo había sacado a ocho de los últimos 10 jugadores que habían tratado de robar base. Mi brazo nunca se había sentido mejor. Esta es la forma en que el dirigente Valentine describió mi ejecución contra Oakland en esos días: "Se veía venir. Eran los mejores contra los mejores. Lo único que vi fue una bala, un láser. Parecía que la parte de atrás de la bola iba echando humo. Su defensa es suficiente para estar en el Juego de Estrellas de este año. Él bloquea la bola en la tierra como nadie que haya visto antes".

Como receptor, como atleta, todos nos retamos cuando estamos frente a los mejores y Rickey era el mejor. Me robó nueve bases y tuve la suerte de sacarlo de *out* varias veces a lo largo de los años. Sin embargo, Rickey no me robó muchas bases a mí y en una época estuvo ocho años sin tratar de robar base mientras yo era el receptor detrás del plato. Rickey es uno de esos jugadores icónicos con los que me siento honrado de compartir en el Salón de la Fama como jugador seleccionado en la primera votación. Era divertido competir contra él.

Ese mismo año de mi mano a mano con Rickey, en 1992, me escogieron para mi primer Juego de Estrellas como reserva. El partido se jugó en el Estadio Jack Murphy de San Diego y fue bien emocionante porque era un juego entre ambas ligas. Aunque yo no era Johnny Bench detrás del plato mi ofensiva iba mejorando gradualmente. Para el final de la temporada mi promedio era de .260 al bate y ocho cuadrangulares. También mejoró mi porcentaje en base por 24 puntos en mi temporada como novato, producto de un poco más de disciplina en el plato. Los 116 juegos en que recibí, fueron el cuarto promedio más alto en la historia del béisbol para un jugador de 20 años de edad o más joven. Además, también gané mi primer Guante de Oro, sacando al 52 por ciento de los que intentaron robar base.

Antiguo Dirigente
Bobby Valentine
"Se sentía tan orgulloso de su trabajo detrás del plato. Nada podía contra él. Y cuando algún jugador llegaba a una base era un reto personal pararlo en su carrera. Desde el principio los jugadores sabían que él era muy joven, sabían que se estaba iniciando y lo retaban".

"También podía batear. Era de los mejores bateadores de breaking balls que haya visto. Podía correr, robar base y aprendió a batear con poder también. Verdaderamente que no había nada que él no pudiera hacer en un terreno de juego".

Esa temporada hubo otras dos historias importantes. El 31 de agosto, en uno de los intercambios más sonados en la historia del béisbol hasta ese momento, enviamos a Rubén Sierra, nuestro jardinero derecho y tres veces All-Star, al lanzador de apertura Bobby Witt y al cerrador Jeff Russell al Oakland a cambio de José Canseco, el MVP de 1988 de la Liga Americana y probablemente el nombre y la cara más conocidos en el juego.

A dondequiera que iba José lo seguían siempre las cámaras y él no se ponía tímido delante de la fama. En ese sentido éramos polos opuestos, porque yo solamente quería jugar béisbol y volver a casa con mi familia. Las fiestas y los clubes nocturnos no eran lo mío.

Con todo y eso, José era un buen compañero de equipo. Él llegaba, hacía lo suyo y era muy profesional. No creo que tenga algo malo que decir de él. Era el tipo de jugador que llegaba, se ponía el uniforme y se iba a las jaulas. Eso era lo que le encantaba hacer. No practicaba en el terreno; ese no era su estilo. Él solamente quería batear bolas y batearlas lejos, no creo que muchos lo hayan hecho mejor. Quizás Mark McGwire. Babe Ruth es de una época anterior a la mía, pero me imagino que bateó unas cuantas bolas bien lejos también.

José siempre tenía un bate en las manos y siempre lo encontrabas en la sala de videos, estudiando a los lanzadores, observando al lanzador y lo que iba haciendo, chequeando la rotación de la bola y cosas así. Cuando estaba en el *dugout* observaba todos y cada uno de los lanzamientos del lanzador. De verdad que le ponía mucha atención al juego de béisbol.

En mi opinión, por eso era un bateador tan poderoso. Él observaba los lanzamientos cuando estaba al bate. Y cuando observaba cierto lanzamiento, no se le pasaba por alto. Nunca he visto a un tipo hacer un *swing* tan fuerte en toda mi carrera. En las prácticas de bateo era un espectáculo verlo. Todo el mundo paraba lo que estaba haciendo para verlo batear bolas y sacarlas del parque. Era buena gente y hablaba con todo el mundo.

En el capítulo uno mencioné brevemente lo sorprendido que me quedé cuando él publicó su libro. Y no fui el único en sorprenderse. Nunca pensamos que podía hacer algo así, porque nosotros jugamos con él. Hay un trato fraternal. Una relación casi de familia. Olvídese de que haya dicho en nuestras propias caras algo que él sabe muy bien que no es verdad, el hecho de que simplemente tratara de dañar la reputación de sus excompañeros de equipo, es algo que no me veo haciéndolo un compañero en ninguna circunstancia.

Sus compañeros de equipo, que jugaron con él en Oakland y en los Rangers y todas las otras organizaciones entiendo que reaccionaron igual que yo. No sé por qué escribió eso. Causó mucha pena. Verlo a él, un jugador al que respetábamos en el terreno de juego y en la casa club, haciendo algo así, duele. Y con los fanáticos era fantástico y salía a dar autógrafos. Fue algo que nos sorprendió a muchos. Hasta ese momento José Canseco hacía que el béisbol fuera un juego todavía mejor y yo le tenía un gran respeto y admiración.

El libro salió en 2005 y creo que algunos de nosotros, que todavía estábamos jugando sentimos como que, mira, no vamos a dejar que eso afecte nuestro trabajo y nuestra concentración y en verdad que no hay razón para darle pensamiento a eso. Yo no tengo nada que ocultar y si la gente quiere creérselo, pues no hay mucho que se pueda hacer. Teníamos que mirar para adelante, seguir jugando y tratar de ser el mejor compañero que uno pudiera ser.

Creo que lo he visto en una sola ocasión desde esa vez y fue en una actividad con muchos jugadores de béisbol. ¿Qué se suponía que hiciera, darle la espalda? Si él se acerca a darme la mano, yo lo saludo. No lo voy a dejar en ridículo. Yo no soy ese tipo de persona. Él sabe lo que hizo y nosotros sabemos que él lo hizo. Pero eso lo decidió él ¿tú sabes? Creo que era una gala a beneficio de una caridad, o algo parecido. Todos éramos parte del grupo y vi cómo muchas personas no se acercaban a él. Y es triste ver eso. Yo personalmente creo que hay muchas otras maneras de ganar dinero sin tener que hacerle daño a tus antiguos compañeros de equipo y amigos, pero eso no lo decido yo.

A pesar de que José no llegó a jugar 200 juegos con nosotros en Texas, dejó su legado: se dislocó el brazo lanzando en la novena entrada de una blanqueada en Fenway Park, tuvo que estar fuera las últimas tres semanas de la temporada y eso sin contar aquella bola que le rebotó en la cabeza y siguió para las gradas como cuadrangular. Nunca había visto algo así y tampoco lo he visto de nuevo. Canseco era un excelente bateador y acabó teniendo 462 cuadrangulares. Después de una arrancada de 45–41, dejaron ir a Bobby V. como dirigente. Lo más que me sorprende cuando miro atrás es que solamente tenía 42 años en esos momentos y estaba en su octava temporada como capitán de los Rangers. Nolan le llevaba tres años a nuestro dirigente.

La gente respetaba mucho a Bobby. Me dio la oportunidad de jugar en las Grandes Ligas. Él y el gerente general Tom Grieve me hicieron la llamada. Les debo mucho a los dos porque Tom decidió llamarme y Bobby decidió incluirme en la lista de los jugadores. Y me dejaba jugar mi juego. Nunca estaba encima de mí, nunca me dijo que hiciera esto o aquello. Él me dejaba hacer mi trabajo y esa es una de las cosas que me encantaban de él. Me dio luz verde desde el primer día.

Rápido me dijo, "Tú vas a ser el receptor del día a día y cuando necesites un día libre me lo dices". Pero yo nunca pedía días libres. Me pusieron ahí y me dejaron decidir mi juego, jugar mi propio juego, tanto en la ofensiva como en la defensiva. Como dirigente nunca me dijo cosas negativas. Me daba la mano mientras me decía que había hecho un gran trabajo.

Ahora no le permiten a los receptores jugar su juego como me dejaban hacerlo. A veces veo a receptores mirando para el dug*out,* y me digo "¿será posible lo que estoy viendo? Todos los entrenadores de escuela superior y de universidades deciden cuáles van a ser los lanzamientos. Dejen de hacer eso. Permitan a sus receptores tomar decisiones sobre el juego, porque ellos saben cuáles son los lanzamientos que están funcionando. Y de paso, los juegos se moverían más rápido.

Después de que Toby Harrah, un *infielder* que jugó con los Rangers, terminó como dirigente en la temporada de 1992, nombraron a Kevin Kennedy para remplazarlo. Kevin es un tipo bien simpático, un hombre feliz. Siempre mantenía al equipo relajado y era uno de los mejores dirigentes para los que he jugado durante mi carrera. Conversábamos mucho, en parte porque él había sido receptor en ligas menores antes de ser entrenador. Durante los juegos, nos sentábamos y hablábamos. Cuando nuestro equipo tenía el turno al bate, se sentaba conmigo y hablábamos de las cosas que él veía. Y me hacía preguntas sobre por qué habían pasado ciertas cosas en el juego. Kevin era un comunicador fantástico, uno de los mejores que me he encontrado en el béisbol. Eso lo hacía conmigo y con todos los demás.

En 1993 éramos un equipo renovado y quedamos 86–76, que es un juego por debajo del segundo puesto en juegos ganados en la historia de la franquicia, remontándonos a 1961 cuando eran los Senadores de Washington. Ese año teníamos una ofensiva buenísima. Dean Palmer, Rafael Palmeiro y Juan se combinaron para darnos 116 cuadrangulares con mi compueblano y amigo Igor como líder en la liga por segunda temporada consecutiva; esta vez bateó 46.

En cuanto a mí, pues me iba bien detrás del plato y mi carrera iba en ascenso, bateando .273 con 10 cuadrangulares y 66 RBIs. También tuve 28 dobles y cuatro triples. No solamente robé una base por primera vez, al final me había robado ocho. Puede que me digan Pudge, pero podía correr bastante.

La temporada de 1993 fue la última que jugué con mi fantástico compañero, Julio, que se fue para ser agente libre. Acabó pasándole a Nolan, cosa que yo pensaba que era imposible, pero Franco jugó hasta los 48 años, hasta 2007. Estoy seguro de que todos han oído nombrar del "bateador natural", uno de esos hombres que se despiertan por las mañanas, les dan un bate y lo abren en dos por el mismo medio. Ese era Julio.

Cuando yo era un jugador joven, Julio siempre fue bien amable nos invitaba a su casa y muchas veces a comer. Me llevaba 13 años, así que para mí él fue un mentor. Me hablaba del juego y en el terreno durante las prácticas de bateo, siempre me gustaba batear con su grupo. Yo sacaba bolas de la tierra en el jardín central o me iba a segunda base donde él estaba y recibía junto con él bolas que venían tocando el terreno. Y hablábamos.

Él me enseño tanto y tanto. Me hizo madurar como jugador bien temprano. Me enseñó a ser un jugador como él, aunque yo era un adolescente cuando me llamaron a las Mayores. Él me hablaba como si fuera un hombre adulto. Me decía, "Tu eres uno de los nuestros. Ya no eres un muchachito. Eres un receptor de las Grandes Ligas, así que tienes que jugar como un receptor de Grandes Ligas, con todo y que tengas 19 años. Eso no es más que un número. Tienes que ir y hacer tu trabajo". Sin excusas. Esa es una de las razones por las que fui tan increíblemente afortunado de jugar con la organización de los Rangers en ese tiempo, teniendo a alguien como Julio velando por mí.

Cuando se fue, yo había terminado mi tercera temporada a los 21 años y era un veterano sólido por su influencia. Yo sabía lo que tenía que hacer. Siempre podía bromear y divertirme en el momento correcto, pero cuando se trataba de béisbol yo me entregaba al trabajo. Yo era extremadamente serio. Y detrás de eso estaba Julio. Es un amigo de toda la vida.

Vamos a ver ¿Hay algo más que valga la pena mencionar sobre la temporada de 1993? Gané mi Segundo Guante de Oro y jugué mi primer Juego de Estrellas, Nolan lanzó su último juego, Juan bateó un montón de cuadrangulares y eso fue más o menos todo.

Es broma.

De alguna forma me da pena que la primera imagen que mucha gente tiene de Nolan y de Robin Ventura es de cuando el tercera base de las Medias Blancas de Chicago arrancó para el montículo, el 4 de agosto de 1993. Estamos hablando de uno de los lanzadores más grandes que se ha subido a la loma y estamos hablando de un hombre que terminó su carrera con casi 2,000 *hits* y 300 cuadrangulares. También ganó seis Guantes de Oro.

A decir verdad, esa noche no se suponía que yo estuviera en el terreno de juego. Como una semana antes Hubie Brooks de los Reales de Kansas City sin querer me dio de lado en la cara cuando hizo el *swing* y me fracturó la mandíbula izquierda. Me operaron al día siguiente y estaba de baja por seis semanas. En vez de eso, me perdí tres juegos. En ese tiempo era diferente. Si llega a ser hoy, me ponen en la lista de lesionados sin que nadie hablara conmigo. Ellos vinieron donde mí y me preguntaron "¿Cómo te sientes?" y yo les dije "Estoy bien" y no había nada más que hablar. Me pusieron de vuelta en la alineación de jugadores. Mi primer juego desde mi regreso, me fui en la sexta entrada porque me sentí mareado y me dolía la cabeza. Cogí libre el día siguiente y regresé a la alineación con Nolan en el montículo el 4 de agosto. Nunca, nunca me gustaba perderme un juego en el que Nolan era quien lanzador iniciador. Esos juegos siempre eran especiales para mí.

No me sorprendió que Robin arrancara para el montículo en la primera mitad de la tercera entrada. Sabía que algo iba a pasar en el momento en que Nolan le pegó con el lanzamiento. Hubo par de cosas que pasaron en esas series anteriores en Chicago y eso fue lo que llevó a la pelea de esa noche en Arlington. Nolan le tiró, no estoy diciendo lo contrario, pero era algo que tenía que pasar entre los dos equipos. Si ven el video, yo estaba abrazado a Robin, tratando de aguantarlo, cuando Nolan empezó a acercarse. Recuerdo a Nolan bajando del montículo del lanzador y frente a la loma. Ahí fue que agarró a Robin y empezó a darle golpes.

Por ejemplo, en una ocasión yo estaba jugando contra los Indios de Cleveland y lancé fuerte al inmortal Guante de Oro el campo corto Omar Vizquel. Y lo lesioné, tanto que lo sacaron de la alineación por 15 días. Eso fue en Texas y la próxima vez que jugamos en Cleveland, José Mesa entró como relevista y me dio justo en la pierna. Así que yo recogí la bola y se la tiré de vuelta a José. Yo lo seguía mirando y él se me quedó mirando y no dijo nada.

Al día siguiente en la práctica de bateo, se me acercó y me dio la mano porque yo había sido muy profesional. Es parte del juego. Yo no me enfogoné con él porque me pegó en la pierna. Es un sitio muy bueno para pegarle a alguien. No soy fanático de pegarle a la gente, pero a veces sucede porque hay motivos. Aunque nunca pegaría más arriba de la cintura. Es tan peligroso. He visto a lanzadores ahora que lanzan a 98 millas por hora directo a la cabeza del bateador y a menudo no se dan cuenta del daño que eso hace. Pueden matar a alguien. A Dickie Thon le dieron en el ojo y por poco no puede volver a jugar. Todo el mundo ha visto la foto de Tony Conigliari de 1967. Ninguno de los dos podía apenas ver algo después de que les dieran el bolazo.

Son muchas las cosas que pasan cuando un jugador recibe un golpe intencionalmente. Cuando pasaban cosas en el terreno de juego que nos daban coraje, lo hablábamos. Todo tiene que ver con la situación, lo que esté pasando en el juego, si el juego está muy reñido o es una pela. Si el juego está empatado o es tarde, nosotros no hacemos esas cosas. Es cosa de escoger un sitio y un momento perfecto para hacerlo. Pero si no es hoy, lo tendremos en mente para encargarnos de eso más tarde.

Los jugadores de béisbol tienen muchos recuerdos y buena memoria.

Detrás del plato

HABÍA MUCHAS COSAS EMOCIONANTES EN EL AMBIENTE CUANDO empezó la temporada de 1994. Habíamos firmado a Will Clark, un primera base y All-Star con uno de los *swings* más efectivos que he visto, antes de empezar la temporada y pocos equipos podían igualar el poder de nuestra ofensiva con Juan González, Dean Palmer y José Canseco en el equipo.

Además, los Rangers se estaban mudando a su nueva casa en el Parque de Béisbol de Arlington, una joya de estadio y de mis favoritos en el béisbol. Cuando un grupo de inversionistas encabezado por George W. Bush, quien más tarde sería el 43er presidente de los Estados Unidos, compró el equipo en 1989, siempre tuvieron entre sus metas darle prioridad a construir un estadio nuevo que fuera más moderno. Y sacaron la bola del parque con "el Parque de Béisbol", con capacidad para más de 48,000 espectadores. Según me cuentan, no hay asiento desde el cual no se vea bien el terreno de juego.

Nuestro antiguo hogar era el Estadio Arlington, que era un parque Triple A con capacidad para 43,000 personas y eso después de varias remodelaciones. Cuando se construyó en 1965 se llamaba el "Estadio Turnpike" y acomodaba a 10,000. Más tarde construyeron el segundo nivel y añadieron gradas cuando los Senadores de Washington anunciaron que se mudaban para allá en 1971.

Para mí, obviamente estaba bien, especialmente si lo comparaba con los parques de ligas menores en los que jugué antes de llegar a aquí o con los de Puerto Rico. Caramba, estábamos en las Grandes Ligas y yo hasta en el lote de un estacionamiento jugaba feliz. Por algún motivo no consideraban el Estadio Arlington muy bueno. La casa club era bien chiquita y todo estaba bien cerca. El camino de la casa club al *dugout* era un túnel bien largo y oscuro. En mi opinión el terreno de juego estaba muy bien, casi perfecto y la atmosfera igual. Obviamente era chiquito y todo era como más íntimo. Estaba hecho de acero y hierro para darle soporte y llevarlo de un estadio con 10,000 asientos a uno de 40,000. Cuando ibas guiando por él se veía todo el hierro que daba soporte a las gradas. Tengo muy buenos recuerdos de estar allí y era un parque bien bueno para batear.

El año antes de que nos mudáramos a nuestro nuevo hogar en 1993, un grupo de nosotros fue a visitar el parque nuevo cuando todavía lo estaban construyendo y allí tuvimos práctica de bateo. Me acuerdo que éramos Dean, Juan, Rafael Palmeiro y yo. Estuvo bien chévere y nos dimos cuenta de que el viento llevaba las bolas mejor, especialmente al callejón en el jardín central derecho. Por lo menos así era antes. Ahora, como le han instalado tantos paneles y letreros grandes, pues la brisa se aguanta un poco. El parque es bonito, pero el nuevo, el que van construir va a tener techo retractable, va a ser algo increíble. No hay nada negativo con el que yo conocí como "El Parque de Béisbol" y que ahora se llama "Globe Life Park" en Arlington. Es que, bueno, es bien, bien caluroso en el verano. Y cuando hace calor allí, es que hace mucho calor.

Por supuesto que hay diferencia entre jugar en Arlington y jugar fuera como equipo visitante. No solamente para los lanzadores, sino para todos los jugadores. Hay que tener en cuenta que cuando jugamos en casa, los lanzadores pueden coger unos minutos de descanso entre una entrada y otra. Hacen sus lanzamientos y entran al aire acondicionado. Pueden ir directamente a la casa club y refrescarse, salir y volver a lanzar. En mi caso, pues a veces me cambiaba la camisa del uniforme dos o tres veces durante un juego y la camiseta de adentro cada dos entradas. Tomaba mucha agua y Pedialyte, porque durante el verano perdía cuatro o cinco libras por cada juego y a veces más.

En Puerto Rico es raro que la temperatura llegue a los 100 grados. El problema allí es que puede haber 92 ó 95 grados pero es un calor denso, húmedo y pegajoso. En Texas se juntaban las dos cosas. Sin embargo, yo prefiero jugar con 100 grados de temperatura que con 20 grados Fahrenheit. Jugar en el frío me ponía grave. Si se examinan mis números a principios de año cuando estaba en Detroit, pues no eran muy buenos. Era una experiencia bien distinta. Cuando se juega en clima frío, se hace difícil sentir el cuerpo relajado, aparte de que la intensidad de la vibración del bate es más alta. Es bastante difícil mantener la concentración cuando se te están congelando las manos y estás trinco, que hasta se te adormecen las manos.

El calor es completamente lo opuesto. Yo prefiero sudar. Para mí eso es mejor y créanme, que mis turnos al bate eran mucho mejores según iba avanzando el juego. Ya para el tercer o cuarto turno de bateo, cuando ya había sudado un par de libras, entonces sí que estaba en mi mejor momento para batear. Si no llego a trabajar en mi rutina de entrenamiento desde que terminó la temporada anterior, es posible que no hubiera jugado tan bien en septiembre. Durante mi carrera, agosto y septiembre eran meses en los que jugaba muy bien. En esos últimos dos meses de la temporada, cuando todos estaban ya cansados, era que yo estaba listo para jugar.

Uno de los momentos impactantes de mi carrera ocurrió en 1994, el 28 de julio, cuando Kenny Rogers lanzó un juego perfecto frente a un estadio sin un asiento vacío. Esa noche fue mágica y era tan solo el juego perfecto número 12 en términos de lanzamientos. Ocurrió mientras jugábamos contra la alineación bastante sólida por cierto, de los Angelinos de California, que para entonces contaban con Jim Edmonds, Chili Davis, Bo Jackson y J.T. Show.

Kenny había llegado un poco antes que yo y jugó más bien como relevista en sus primeras cuatro temporadas. De vez en cuando lo ponían a abrir el juego. Fue como en 1993 que empezó a abrir juegos regularmente y tuvo una carrera fantástica en la que ganó 219 juegos. Más tarde volvimos a jugar juntos con los Tigres de Detroit.

Kevin ya estaba lanzando a 90 y pico de millas por hora cuando lo llamaron. Como lanzador Kenny usaba el control para poner la bola donde ponía el ojo, aunque no siempre fue así. Y seguía teniendo una bola rápida buena que usaba junto con todos estos cambios de dirección, curvas, bolas rápidas en *sliders* y le encantaba lanzar bolas bajitas. Más adelante durante su carrera, su bola baja salía como a 81 u 82 millas por hora. Cuando jugué con él en el pasado, su lanzamiento de bola baja venía a 92 ó 93 millas por hora y ese lanzamiento le gustaba mucho. Era una persona muy competitiva, lo que llamaría un virtuoso del juego, en quien podías confiar todo el tiempo a la hora de salir al terreno de juego. Y claro, contaba con nosotros para que jugáramos solido respaldándolo. Él esperaba que los

Mi hermano Tito y yo preparándonos para nuestra primera temporada en las Pequeñas Ligas en Puerto Rico. *(Foto: Familia Rodríguez)*

En el terreno de juego y fuera, Tito y yo siempre de compañeros. *(Foto: Familia Rodríguez)*

Jugando en el Campeonato nacional en Puerto Rico en la categoría de seis a nueve años. (*Foto: Familia Rodríguez*)

Desde mis comienzos, me entrenaron para ser defensa. (*Foto: Familia Rodríguez*)

Desde siempre un apasionado jugador de béisbol, esperando otra temporada más de Pequeñas Ligas. (*Foto: Familia Rodríguez*)

Día de mi
Primera
Comunion
en Vega
Baja, Puerto
Rico, con mi
hermano, Tito.
*(Foto: Familia
Rodríguez)*

Tito y yo de
jangueo con
abuelo Chago.
*(Foto: Familia
Rodríguez)*

Tito y yo de
jangueo con mis
abuelos,
Funfa y Chago.
*(Foto: Familia
Rodríguez)*

Siempre en competencias, tengo mi cara de jugador puesta mientras juego con mi equipo de Puerto Rico, los Raiders. *(Foto: Familia Rodríguez)*

Con Tshirt azul, jangueando con mis compañeros de los Raiders, incluyendo a mí hermano, Tito, en camiseta blanca. *(Foto: Familia Rodríguez)*

Juego para los Drillers de Tulsa, afiliada de los Rangers de Texas desde 1977 hasta 2002.
(*Foto: Familia Rodríguez*)

Con mi hijo, Dereck, al hombre en su bautizo en Puerto Rico. Los Gemelos de Minnesota lo reclutaron en la sexta ronda de selección del 2011. *(Foto: Familia Rodríguez)*

El Alcalde de mi pueblo de Vega Baja, Puerto Rico, me honra. *(Foto: Familia Rodríguez)*

Me encanta compartir con mi familia. De
izquierda a derecha, tío Julio, tío Santiago, yo,
y Papi posando para una foto. (*Foto: Familia
Rodríguez*)

Con mi madre, Eva y mi esposa, Patricia
Gómez, en San Francisco, Disfrutando del
14vo. Juego de Estrellas y mi último en 2007.
(*Foto: Familia Rodríguez*)

A lo largo de los 21
años de mi Carrera
en las Grandes Ligas,
incluyendo cinco
temporadas con los
Tigres, Mami siempre
ha sido mi fanática
#1. (*Foto: Familia
Rodríguez*)

Tuve el placer de visitar a los estudiantes de segundo grado de Mami como maestra en Puerto Rico. (*Foto: Familia Rodríguez*)

Estoy muy unido a mi familia, incluyendo a mi hermano pequeño, Manuelito y mi padre, José. (*Foto: Familia Rodríguez*)

Tío Julio y yo abrazando a abuela, a la que siempre le decíamos Funfa. (*Foto: Familia Rodríguez*)

demás tuvieran el mismo grado de compromiso con ganar que tenía él. La mayor parte del tiempo nos llevábamos bien, teníamos una relación de trabajo muy buena y sobre todo nos respetábamos mutuamente. Por supuesto que como podía pasar con cualquier otro lanzador, también teníamos nuestras diferencias de vez en cuando.

KENNY ROGERS
LANZADOR DE LOS RANGERS

"Recuerdo el intercambio que tuvimos él y yo en Toronto en 1993. Ya para ese entonces yo había estado allí algún tiempo y sabía de lo que yo era capaz de hacer. Pudge llevaba como tres años".

"Yo conozco a Pudge. Tiene hombres en base y quiere sacar de out a todos los que pueda. Me hizo la seña para que lanzara bola rápida y le indiqué que no. Pues volvió a darme la misma señal y volví a darle la negativa. Y siguió dándome la misma siete veces, señalándome con el dedo un uno. Yo sabía cuál era mi mejor jugada en ese momento. Pisé brevemente fuera del montículo hasta la mitad del espacio que nos separaba y él volvió a darme el número uno y le dije que negativo. Al final se dio por vencido y me dio el cambio de señal que yo necesitaba y sacamos al bateador de out".

"De ahí en adelante creo que él empezó a respetar mis decisiones. Yo solamente tenía que hacerle saber que el lanzador está pensando también en el plan de juego. Teníamos una relación muy estrecha, cada quien entendía lo que el otro era capaz de hacer. Esa era meramente su forma de averiguar si yo tenía confianza en lo que quería hacer."

Sí, recuerdo eso también. Yo le di a Kenny varias veces la señal del tiro que yo quería y él que "No, no y no". Le pedí cada uno de los lanzamientos que él hace y a todos me contestó que "No, no y no". Y le pregunté, "¿Qué es lo que quieres lanzar?". A continuación veo que se acerca y me voy a hablar con él. Y me dijo, "Quiero este lanzamiento" y le dije "Okey", ya te hice las señales de ese lanzamiento dos veces". Según Kenny, el punto era la ubicación.

Después de verlo lanzar su juego perfecto en 1994, le dije a los medios, "Me siento como si hubiera ido 4-por-4". Nada como ser el receptor en un juego perfecto. Quizás como en la sexta o séptima entrada me di cuenta por la fanaticada de que estábamos en un juego sin *hits*. Pero después de eso seguimos con el mismo plan de juego. Allí se hicieron jugadas únicas, Rusty Greer recibió tiros perfectos para Kenny y en un par de ocasiones tuvo que lanzarse de cabeza para recibir, incluyendo una en la novena entrada para robarle a Rex Hudler. Ahí vino Gary DiSarcina y bateó una línea recta a Greer que la atrapó para marcar el último *out*. El juego estuvo fantástico. Estoy seguro de que todo el mundo sabe que son muchas las cosas que tienen que salir bien para que un juego sea perfecto. Tienes tremendas jugadas y batazos cuando se necesitan y además lanzamientos que probablemente son bolas, pero resulta que son *strikes*. Es una combinación de muchas cosas que te salen bien y por eso es que no suceden con frecuencia.

El día que Kenny lanzó ese juego perfecto, había estado calentando en el *bullpen* conmigo como receptor. Nada de lo que hacíamos en el *bullpen* estaba funcionando. Las bolas rápidas, las que parecen bolas, pero son *strikes*, las curvas, ninguno de los lanzamientos le salía bien. También contribuyó que el *change-up* había sido muy fuerte. Cuando íbamos hacia el *dugout* me dijo,

"No sé qué es lo que va pasar aquí hoy, pero no creo que vaya a ser un buen día". Nada le había salido bien en el *bullpen* y mira como fue la cosa. Empezó a lanzar bien desde el primer tiro. Todo le funcionaba. La curva era perfecta. El cambio estaba perfecto. La bola baja también. Las bolas rápidas por arriba y adentro; cuatro bolas rápidas en la costura salieron perfectas. Esa noche no había lanzamiento que se le saliera de ruta. Cada lanzamiento que hizo dio en el blanco.

Kenny Rogers
Lanzador-Rangers-Texas
"Según iba avanzando el juego él me ignoraba en el banco, como hacen tus compañeros de equipo durante un juego perfecto o sin "hits", pero cuando salíamos al terreno de juego estábamos bien sincronizados. No tuve que jamaquearlo mucho más después de esa vez. No importa las señales que me diera, yo me sentía súper bien con todo. El me daba las señales y manteníamos un ritmo. Eso es lo que hace la diferencia. Esas raras veces en que estás en total ritmo con el receptor, confías mucho en él y él en ti. Eso es lo que estamos buscando, pensar de la misma forma".

"Si esa relación con el receptor no se da, juegos como esos no ocurren. Esa comunicación que tuvimos esa noche, te hace sentir afortunado de poder hacer algo así".

Ganamos el juego 4–0. Nos tomó como dos horas porque cuando un equipo no deja que pase jugador a base, por lo general el juego se mueve bastante rápido. Canseco bateó dos cuadrangulares y corrió solo. Yo bateé uno también. Los fanáticos estaban alborotados esa noche, así que fue como cualquier otro juego de temporada regular de mi carrera. Para mí eso es lo que significa ser un receptor. Tener un gran juego y ayudar a un compañero a que esté en su mejor condición, ser parte de un logro suyo que muy pocas personas tienen. Esos son los juegos y los momentos que se te graban en la memoria.

Menos de dos semanas después de esa electrificante noche, nuestra temporada terminó En ese momento no lo sabíamos, pero el juego que perdimos 3–2 contra los Marineros de Seattle el 10 de agosto iba a ser nuestro último juego en por lo menos nueve meses. Al final de la temporada de 1994 yo estaba bateando .298 con 16 cuadrangulares y 57RBIs en solo 99 juegos. Eso representaba un salto de 25 puntos al plato y también me gané el Bate de Plata, por ser el receptor de mayor ofensiva en la Liga Americana. Eso estuvo muy bien, considerando que cuando llegué, muchos pensaban que yo iba a ser un especialista en la defensiva. Es muy triste, pero por primera vez en 90 años no hubo Serie Mundial. Pasarían años antes de que el juego volviera a ser lo que era antes después de la huelga de jugadores de béisbol.

Eso fue bien difícil, pero al mismo tiempo, eso es parte del béisbol. Por eso es que la "MLB Players Association" es una de las mejores de la industria. Estoy muy satisfecho con la forma en que han estado haciendo las cosas para bienestar de los jugadores y la manera en que nos protegen. Los contratos de hoy día son contratos totalmente garantizados, que es algo maravilloso e ideal. Piense en eso un momentito: vamos a decir que usted es un jugador de la NFL que tiene un contrato de cinco o seis años, y se lesiona y no puede jugar más, pues no se le paga. La realidad es que la situación es ridícula. Eso no es bueno. En el béisbol es totalmente lo contrario. Si te llaman, te dedicas a darle a la bola de béisbol por unos años, firmas un contrato garantizado de varios años y no importa lo que suceda en el futuro, ese dinero es tuyo. Si eres un lanzador y te lesionas el brazo, ese dinero sigue ahí. Desde mi punto de vista eso es fantástico, porque para eso es que usted trabaja. Usted obviamente trabaja porque quiere ser un gran jugador de béisbol, pero también quiere asegurarle un futuro a su familia. Como atleta, esos primeros años de ingresos son muy diferentes si se comparan con los de un contable o un policía, porque ellos probablemente van a ganar más dinero según van llegando a sus 40 y 50 años. Los atletas tenemos que ganarnos esos chavos cuando podemos, cuando estamos jóvenes y tenemos salud.

Cuando ocurrió la huelga, existían unas situaciones que había que resolver. Mirando atrás, me gustaría que hubiéramos encontrado alguna manera para resolverlos sin hacer eso a los fans, pero hubo que recurrir a eso. Y hacerlo nos tomó casi un año, pero finalmente el béisbol volvió para quedarse. Tardó un poco más para que los fanáticos volvieran al béisbol. Estaban molestos y no iban a los juegos. Cuando volvimos después de la huelga, la asistencia de espectadores era como mucho de 10,000. Al principio fue difícil, pero afortunadamente los fanáticos volvieron porque es el pasatiempo nacional. El béisbol en el verano es el béisbol en el verano. No hay otros deportes importantes, sólo el béisbol.

Durante la huelga básicamente lo que hice fue concentrarme en entrenar y mantenerme en forma. Teníamos que estar en condiciones porque nos dijeron que cuando se resolviera todo, teníamos que volver y continuar con la temporada de béisbol. Pero eso no sucedió. Fines de septiembre de 1994 llegó y también pasó. Era el fin del béisbol. Lo cancelaron todo.

Ese año lo que hice fue jugar béisbol de invierno toda la temporada. Ese fue uno de los mejores años allí porque todo el mundo estaba jugando pelota de invierno. Quiero decir que *todos* los grandes jugadores estaban jugando. Fue una temporada bien competitiva. Los seis equipos tenían tres o cuatro jugadores de Grandes Ligas y también estábamos atrayendo montones de espectadores. Ese era el único béisbol que se podía ver porque no había béisbol de Grandes Ligas.

Por suerte para el juego de Grandes Ligas, ese septiembre de 1995 después de que se terminó la huelga, Cal Ripken Jr. rompió el invicto de Lou Gehrig de más juegos consecutivos jugados. Ese fue un momento especial, y Ripken no pudo portarse mejor, corriendo por el campo y chocándole la mano mientras decía "Give me 5" a los fanáticos. Nadie firmó más autógrafos que Cal y eso ayudó a atraer a muchos fanáticos del béisbol en todo el país.

Cuando volvimos a finales de abril de 1995 después de un entrenamiento de primavera más corto, los Rangers teníamos nuevos líderes: Doug Melvin era el nuevo gerente general y Johnny Oates era nuestro nuevo dirigente.

Un montón de gente, incluyéndonos a nosotros mismos, sentimos que estábamos listos para competir por un título de división en ese momento. No teníamos equilibrio entre los lanzamientos y nuestra poderosa alineación, aunque Kenny había pasado a ser parte de los receptores zurdos de élite de la liga encargado de abrir juegos. Acabamos en tercer lugar, cuatro juegos por encima de .500. Por primera vez llegué a batear .300, incluyendo dos de mis 12 cuadrangulares esa temporada frente a Roger Clemens en Fenway Park el 13 de julio. Ganamos ese juego 9–8. Ese fue el primero de mis juegos de múltiples cuadrangulares y hacerlo contra el único hombre que ganó siete premios Cy Young, me hizo sentir todavía mejor. El estilo de lanzar de Clemens se parecía mucho al de Nolan. No tenía miedo de jugar desde dentro. Él era una figura intimidante en el montículo y la mayor parte de las noches era imposible batearle una bola.

La temporada siguiente, finalmente se nos dio. Ganamos el primer título de ladivisión en la historia de la franquicia. Hicimos algo que jamás y nunca puede ser replicado. Fuimos los primeros y fue una sensación increíble. Ganamos 90 juegos. Nuestra alineación estaba muy bien montada. Un ejemplo de eso es que nuestro campo corto, Kevin Elster, bateó 24 jonrones impulsó 99 carreras y se mantuvo en el noveno lugar toda la temporada. Esa temporada terminamos en cuarto lugar en la Liga Americana en carreras anotadas y cuadrangulares con 928 y 221, respectivamente.

En el entrenamiento de primavera estábamos seguros de que teníamos un buen equipo, pero creo que empezamos a sentirnos más seguros después de la oportunidad del All-Star. Las cosas empezaron a caminar de la manera que queríamos. La clave estaba en que nos sentíamos unidos como equipo en ese entonces. Cómo la química y una misma meta unieron a ese grupo de personas. Algo que contribuyó mucho fue que la mayoría de nosotros estaba jugando el mejor béisbol de nuestras respectivas carreras. Queríamos que siguiera siendo así. No queríamos que todo el mundo se desbandara para un lado y para otro. Cuando eso pasa en equipo, se pierde esa química. Así que lo bueno fue que muchos de nosotros nos quedamos allí como un equipo, como una unidad, como un grupo. Creo que eso nos ayudó a llegar a donde queríamos situarnos.

Hay que llevarse bien con los compañeros de equipo para poder jugar bien, porque vas a estar viéndoles las caras por lo menos durante seis meses, aparte del entrenamiento de primavera y de las series postemporada. Y las familias, las esposas y los niños tienen que llevarse bien. Están juntos en las gradas, juntos en la carretera y en la casa. Todo tiene que estar nivelado. Y en 1996, todo eso funcionó y ganamos el que sería el primero de tres títulos de división en cuatro años.

Obviamente, la parte agridulce de haber ganado esos títulos fue que tuvimos que enfrentarnos a los Yanquis de Nueva York en las series postemporada cada una de esas temporadas. Y cuando jugábamos contra ellos, es que sólo teníamos la esperanza de ganar. George Steinbrenner estaba gastando dinero como loco, firmando a los mejores jugadores para los Yankees, y dominaban; una de las grandes dinastías en la historia de este deporte. Llegamos a ser ganadores en el momento equivocado en la historia del béisbol. Nuestros triunfos en la liga ocurrieron digamos que en un mal momento histórico del béisbol. Mucho de eso es también la suerte, como cualquier otra cosa, es cuestión de que sea momento perfecto.

En la cima de mi carrera llegué a jugar 153 partidos durante la temporada 1996 y fui a al plato 700 veces. Bateé para .300, marqué récords en mi carrera con 19 cuadrangulares y 86 carreras impulsadas, y anoté 116 carreras para un empate con Yogi Berra en carreras anotadas por un receptor en una temporada. También establecí un récord de receptores en la Grandes Ligas con 47 dobles.

Juan, sin embargo, se volvió absolutamente loco. A pesar de haberse ausentado en 28 partidos, bateó 47 cuadrangulares y terminó con 144 carreras remolcadas. Él tenía 10 RBIs más que juegos jugados, algo único. Ese año lo escogieron como el Jugador Más Valioso de la Liga Americana, lo cual fue realmente genial para mí tener a un jugador de mi pueblo natal coronado como el mejor en el juego. Es como de locos pensar que Juan y yo somos de la misma ciudad, que tenía alrededor de 50,000 habitantes cuando nos estábamos criando allí. ¿Cuáles son las probabilidades de que llegáramos a las Grandes Ligas y mucho menos de que los dos ganáramos títulos como MVPs?

Mucho se ha escrito y dicho sobre la relación entre nosotros. Jugamos en las Pequeñas Ligas, aunque nunca en el mismo equipo. Y cuando se hizo profesional, firmó dos años antes de que firmara yo. Juan tiene la misma edad que mi hermano Tito, dos años más que yo. Nos veíamos cuando jugábamos en Pequeñas Ligas. Estábamos en la misma escuela y él estaba siempre por los alrededores.

Su ascenso al béisbol profesional fue acelerado y ya era Doble A cuando yo firmé y justo entonces los Rangers lo llamaron para subirlo. Ya en las Grandes Ligas, en realidad no salíamos mucho juntos. Juan tenía su familia, yo tenía la mía. Él hizo lo suyo y yo hice lo mío. Siempre nos veíamos en el estadio. Cuando viajábamos a veces íbamos a cenar juntos, pero no todo el tiempo. La relación con él era muy buena. Ahora mismo creo que somos muy buenos amigos, aunque no tengo muchas conversaciones con él porque él nunca usa el teléfono. Pero cuando nos vemos, nos llevamos muy bien.

Nuestra amistad era bastante estrecha, pero no de andar juntos 24 horas al día. Fuera del estadio, nos veíamos de vez en cuando. Mi ex esposa y su primera esposa se llevaban bien, así que a veces íbamos a su casa o ellos venían a la nuestra. Él fue mi mejor compañero de equipo por mucho tiempo mientras estuvimos allí, pero no éramos siameses como algunos han dicho.

Juan era buen compañero de equipo, pero a veces se enojaba y no se le podía hablar. Simplemente se desaparecería, se iba a algún sitio o salía del club y nadie lo veía. El gerente y los entrenadores tenían que ser inteligentes para hablar y bregar con él. Cuando algo no le gustaba, simplemente se trancaba.

Pero cuando llegaba listo para jugar al béisbol, era el mejor. Considerado uno de los grandes bateadores con más poder de su tiempo.

Mirando hacia atrás, supongo que Juan y yo manejábamos los asuntos de maneras diferentes, desde los medios de comunicación hasta el aprendizaje del inglés y la participación en trabajo como obra de caridad. Eso no lo hace correcto o incorrecto. Siento como que a veces, simplemente porque éramos del mismo pueblo nos agrupaban como Juan y Pudge y no nos veían como individuos.

John Blake
Vicepresidente Ejecutivo de Comunicaciones
Rangers De Texas

"Juan y Pudge llegaron a las Mayores casi al mismo tiempo, especialmente en términos de cuándo empezaron a atraer mucha atención a nivel nacional. Necesitábamos trabajar más con ellos y fuimos el primer equipo en traer a alguien para trabajar con nuestros jugadores hispanos, ese fue Luis Mayoral. Juan era muy tímido en términos de hablar con los medios de comunicación. Juan fue cogiendo soltura poco a poco y Pudge mejoró bastante a medida que pasaron los años".

"Pudge siempre tenía una sonrisa contagiosa. Desde el principio quería involucrarse más con la comunidad. Hizo muchísimo trabajo de caridad y clínicas. Era diferente a Juan, que era mucho más retraído y era mucho más difícil trabajar con él".

"Cuando Pudge ganó el MVP de 1999, se encontraba en Disney World, y no nos pasaba por la mente que fuera a ganar. Fue una especie de sorpresa. Pedro Martínez era el favorito de todos. Así que, aunque Pudge estaba de vacaciones en Disney World, voló esa noche para estar presente en la conferencia de prensa. Juan no habría hecho eso en su vida. Juan ganó dos MVPs y para ninguno de ellos estuvo aquí. Estaba en Puerto Rico".

"Pudge se hizo realmente muy bueno en múltiples frentes: en la comunidad y ante los medios de comunicación. Realmente hizo un buen trabajo y esas son algunas de las razones por las que es tan querido por los fanáticos hasta el día de hoy".

¿Saben lo que a veces todos olvidan de esas tres series de postemporada contra los Yankees? Sí, es verdad que perdimos nueve partidos consecutivos de la serie postemporada pero no perdimos el primero. Esa fue la adrenalina de toda una vida. Superamos a los Yankees de Nueva York 6–2 en el Yankee Stadium, el 1 de octubre de 1996, ante más de 57,000 fanáticos. Ese estadio echaba chispas. Juan bateó un cuadrangular de tres carreras frente a David Cone en la cuarta entrada y luego John Burkett se encargó de hacer el resto por nuestro equipo. Probablemente recuerdo tanto sobre ese juego como de cualquier otro en el que haya jugado. Sin embargo el ambiente era tan diferente al de la temporada regular. Nada iguala al béisbol de postemporada.

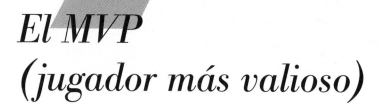

7

El MVP
(jugador más valioso)

EN VARIOS MOMENTOS DURANTE MI CARRERA, DESDE QUE LOS *scouts* estaban midiendo la velocidad de mis tiros en Puerto Rico para las ligas menores y los Rangers, la velocidad registrada en mi tiempo de tiro desde el plato hasta segunda base estaba entre 1.70 a 1.80 segundos. Dos segundos se considera sólido y cualquier tiro en los 1.90 se considera bien rápido, entre los mejores cronometrajes. Eso es de guante a guante, lo que llamamos *pop time*, no desde que la bola sale de mi guante.

No muchos jugadores se atrevían a robar base en mis juegos, ya que la voz se corrió bastante rápido cuando subí a las Mayores. En algún momento en que lo intentaron, tuvieron un resultado negativo para ellos. En la Liga Americana fui el líder nueve veces en porcentaje total de robos de bases frustrados, incluyendo un periodo de seis años seguidos de 1996 a 2001. Durante ese periodo saqué de *out* al 55 por ciento de los posibles ladrones de base. Durante esos mismos seis años, el resto de los receptores de la Liga Americana sacaron de *out* a menos del 30 por ciento. Según los números, al finalizar mi carrera había sacado al 45.7 por ciento. En los últimos 40 años, el gran Yadier Molina que ocupa el segundo puesto, tenía el 41.7 por ciento empezando la temporada de 2017.

También eliminé a 88 corredores fuera de base en mi carrera, que es un récord de Grandes Ligas para los receptores. No creo que nadie lleve cuenta de las veces que tiré a una base tratando de agarrar al corredor fuera de base, pero me atrevo a apostar que ese también es fácilmente un número récord. No se equivoquen conmigo, yo era agresivo.

Sí, también sé que algunos lanzadores piensan que les pedía muchas bolas rápidas, especialmente al principio de mi carrera, con corredores en base, porque se me hacía más fácil sacarlos de *out*. Cada lanzamiento que pedí en mi vida lo hice con la mejor intención de ayudar a mi equipo. Si pensaba que un corredor iba a robar, entonces sí, tal vez habría pedido una bola rápida, porque era mejor para sacarlo. En primer lugar, no muchos jugadores trataban de robarme una base. En lo más alto de mi carrera, los equipos contrarios trataban de robar base en proporción de una vez cada dos partidos. Por lo tanto, sería ridículo que pidiera bolas rápidas cada vez que alguien estaba en base.

A veces ya yo sabía que el roba base iba *out* antes de que la bola saliera de mi guante, inclusive desde antes de eso. Primero, depende de cómo el lanzador trabaje conmigo. Si el lanzador tiene un tiro de acción retardada al plato de *Home*, se me hace difícil. No importa lo fuerte que sea mi brazo, no hay chance de ninguna forma. Pero puedo decirles que cuando el tiro es decente, digamos que 1.3 segundos, quizás 1.4, ya yo sabía que lo iba a sacar. Me gustaba más mi defensa que batear. Eso no incluye solamente lanzar. Eso significa dirigir un buen juego, bloquear bolas y asegurarme de que el lanzador se sienta cómodo teniéndome detrás del plato.

Mi forma de decidir sacar a un roba base era una reacción instintiva. También lo veía venir y obviamente se lo comunicaba al jugador en posición para atrapar el tiro. El jugador tenía que estar pendiente a mí todo el tiempo. Es una señal que siempre usaba. Algunas de las señales que usaba era bastante obvias pero las jugadas nunca sucedían. Y otras señales eran tan buenas que muy pocos las veían. Siempre que teníamos corredores en base, todos los jugadores, en primera, segunda, campo corto y tercera base tenían que mirarme todo el tiempo. Todo el tiempo.

Muchas de estas jugadas se dan cuando el lanzador empieza sus movimientos para tirar. Después de mi señal, tenían que mirarme porque podía ser que yo cambiara a otra señal. De esa forma como que engañaba a los del otro bando, incluidos los dirigentes y entrenadores. Mientras el lanzador está en movimiento, todos estamos pendientes de la bola cuando sale de la mano. Ese era el mejor momento para yo darles una señal. El corredor no me estaba mirando, ni tampoco los entrenadores en primera y tercera base

De esa forma saqué por estar fuera de base a muchos jugadores cuando ya teníamos dos *outs*. Me encantaría que los receptores hicieran más en el béisbol, pero nadie le presta atención a eso. Con dos *outs* los corredores están pensando, *necesito un margen más amplio, porque tengo que anotar la carrera.* Especialmente cuando el jugador que está al turno al bate es el buen bateador, ese es el mejor momento para tratar de robar una base. Cuando hay dos *outs* y un bateador de hits está al bate, yo lo que quiero es limpiar las bases. Me conviene que este bateador sea el primero al bate en la próxima entrada, porque si dispara un cuadrangular estamos hablando de una carrera versus dos o tres.

Alguno que otro lanzador y también entrenadores me preguntaron sobre mi agresividad pidiendo lanzamientos cuando teníamos corredores en base, a nadie le molestaba mucho y estoy bastante seguro de que todos estaban bien contentos con el conjunto de servicios que yo les aportaba como receptor. Pero hubo alguien que se me alzó y entiéndase que se puso pico a pico conmigo porque yo estaba pidiendo lanzamientos y por mis intentos agresivos de sacar a los corredores fuera de base se llama Will Clark. O "The Thrill" le decían desde sus tiempos con los Gigantes de San Francisco. Este tipo sí que podía batear. En la Serie de Campeonato de la Liga nacional de 1989 bateó para .650 contra los Cachorros de Chicago.

Esas primeras temporadas que Will jugó con nosotros los Rangers en 1994–1995 ya en alguna ocasión se había puesto agresivo conmigo, durante y después de los juegos, pero así era Will.

WILL CLARK
PRIMERA BASE DE LOS RANGERS

"Claro que teníamos nuestras discusiones. Yo me tomaba mi papel de jugador veterano muy en serio y aunque él subió pronto, yo le llevaba ocho años y en 1995 estaba en mi décima temporada de Grandes Ligas. Cuando pensaba que estaba pidiendo bolas rápidas por la razón equivocada, se lo decía y le explicaba por qué era la señal equivocada. No sólo por su lanzador sino por la defensa. Y a Pudge no le gustaba que le dijeran que estaba equivocado".

"Había veces que estaba lanzando la bola a primera base mientras yo estaba jugando detrás del corredor. Una de las grandes ventajas que tuvimos fue que gracias a su brazo nadie llegaba a primera base. Lo llamé el 'Efecto Tirar el Ancla'. Los jugadores llegaban a primera y echaban el ancla. Entonces, ¿para qué dejar mi posición para que él pudiera lanzarme la bola si el corredor está a seis pulgadas de la almohadilla?"

"La cosa es que empezamos a hablar más y más y muy pronto nos encontrábamos sentados juntos en la parte de atrás de cada vuelo hablando de béisbol. Éramos los nerdos del béisbol. Desmontábamos el equipo de lanzadores para la próxima serie, repasábamos el juego que acabamos de jugar, no bateador por bateador, sino lanzamiento por lanzamiento. Pudge terminó siendo uno de mis compañeros favoritos de todos los tiempos y nunca he visto un mejor receptor en mi vida".

Como Will es mucho Will, pues a veces tuvimos nuestros encontronazos. Yo siempre llegaba al parque con la intención de hacer un buen trabajo. Y no me malinterpreten, cuando era jugador, había veces que me ponía furioso. Probablemente por eso él solamente me decía que me calmara y esperara a que se me enfriaran los cascos. Pero como compañero de equipo Will era clase aparte. Will llegaba siempre listo para hacer su trabajo. Era bien serio y nunca se reía durante el juego. Ya cuando se terminaba el juego, era otra persona en la casa club, un tipo que bromeaba y se preocupaba por sus compañeros. El tipo de compañero que te decía si no estabas a la altura del juego. Nos decía "Vamos, denle duro y jueguen para ganar".

Nos hicimos muy buenos amigos y empezamos a respetarnos. Quizás después de un año jugando juntos se dio cuenta del tipo de jugador de día a día que era. Tal vez será por eso que empezamos a ser buenos amigos. Vio que yo jugaba cada día detrás del plato, sin coger días libres y creo que esa es una de las cosas que le gustaban de mí.

Una de las cosas que en verdad me disgustaban era cuando otro jardinero pensaba que sabía pedir lanzamientos. Ya sé que todos éramos compañeros y que todos estábamos allí para ganar un juego de béisbol. Pero no me gustaba ver la reacción de un jugador en el terreno a alguno de los lanzamientos que yo pedía, especialmente cuando me lo bateaban duro o resultaba ser un cuadrangular. Yo no soportaba que alguien reaccionara molesto al lanzamiento que yo pedía. Me imagino que Will debe haber hecho algo de eso y para ese tiempo empezamos a hablar en serio. Estábamos conversando sobre eso y le dije: "Ocúpate de hacer tu trabajo que yo hago el mío". Me llenaba de orgullo hacer mi parte, estudiar para sacar la mejor información posible. Me daba coraje que mientras yo estaba en la sala de videos, tomando todas estas notas, ellos estaban en las jaulas de bateo practicando.

Will no volvió a hacerlo después de que hablamos y pasamos a ser grandes compañeros de equipo y amigos para toda la vida. Fue algo positivo para mí y para todos. Esa es una de mis cualidades como persona, trato de no juzgar a la gente. La persona que piensas que es el rey de los idiotas al conocerlo puede acabar siendo uno de tus mejores amigos. Esa es la persona que soy y trababa de ser amigo de todos.

La temporada de 1997 fue una decepción total por no llamarle algo peor. Acabábamos de ganar el cetro de la división y terminamos 77–85, terceros en la Liga Americana Oeste. Tuvimos muchas lesiones ese año en el equipo. Will y Juan González se perdieron casi 100 partidos entre los dos. En julio intercambiamos a nuestro tercera base, Dean Palmer, por el jardinero central rápido Tom Goodwin. Eso no tenía mucho sentido para mí. Palmer tenía sin duda el *swing* más rápido que he visto". Ese hombre podía cambiar un lanzamiento malo y usarlo a su favor y unas cuantas de esas veces, también llevar la bola en un tiro a la zona profunda del terreno. Desde 1998 hasta 2000, bateó 101 jonrones y definitivamente podríamos haber usado esa producción. A Dean no le dieron el crédito que merecía, pero era un excelente jugador de béisbol.

Uno de los días más memorables de mi carrera llegó esa temporada, el 31 de julio, que cada año es también la fecha límite para negociaciones sobre intercambios. En ese tiempo mi agente, Jeffrey Moorad, había estado negociando una extensión de mi contrato por más de un año, pero sin éxito. Ese fue el último año de mi trato. Estaba ganándome $ 6.5 millones y quería quedarme en Texas. No quería ser un agente libre. El gerente general del equipo, Doug Melvin, estaba bregando con las negociaciones y dijo públicamente durante el entrenamiento de primavera que el rendimiento de los receptores se reduce después de jugar 900 partidos de Grandes Ligas. Ese año empecé en 730, por lo que no se inclinaba a darme un contrato a largo plazo. Dijo: "No es nada en contra de Pudge. Es sólo que el receptor tiene una posición de alto riesgo y desgaste".

Dos días antes de la fecha límite, los Rangers intercambiaron al lanzador Ken Hill a los Angelinos de Anaheim por el receptor Jim Leyritz, lo cual yo interpreté como que no iban a hacer un trato conmigo y no me iban a dar ofrecer la extensión que yo quería. Yo estaba bien estresado. No quería irme. Volamos de regreso a casa desde Baltimore el 30 de julio y teníamos el siguiente día libre. Yo venía sentado con Juan en el vuelo y me rogaba que hablara con el presidente del equipo, Tom Schieffer. Más tarde supe que estaba a punto de que me intercambiaran a los Yankees de Nueva York por el receptor Jorge Posada y el lanzador Tony Armas Jr.

A la mañana siguiente llamé a Mami y ella estuvo de acuerdo con Juan: había llegado el momento de tomar el control de la situación. Mi exesposa también estuvo de acuerdo. A las 9:00 AM allí estaba en la oficina de Schieffer en el estadio. Yo sólo, sin ningún agente. Le dije casi que a quemarropa; sin darle charla, ni nada de eso. Simplemente le dije "No quiero que me intercambien. Quiero quedarme aquí. Quiero usar este uniforme de Rangers durante toda mi carrera.

Él me pidió que me sentara y rápidamente negociamos un contrato de $ 42 millones por cinco años y me dio la mano. Eso no sucede lo suficiente y lo que hice sin duda no marcó una tendencia. ¿Con qué frecuencia escuchamos a los atletas decir que les gustaría haberse quedado con un el equipo con el que jugaban antes? Además, no es como si estuviera jugando por el salario mínimo, ¿sabes?, estaba garantizado que me iban a pagar $ 42 millones. Iba a poder cuidar de mi familia, en el presente y futuro. También es una sensación especial poder quedarte donde eres feliz.

Semanas más tarde, salí en la portada de *Sports Illustrated*. Ese fue un gran acuerdo ya que yo era el cuarto Ranger que salía en la portada, uniéndose al grupo del dirigente Billy Martin, al jardinero Bump Wills y al inmortal Nolan Ryan. Fue un gran honor. Repasando el reportaje, hay dos citas que se destacan.

Una es de mi ex esposa Maribel: "Iván no bebe ni fuma. Él no sale. Su único vicio, si se le puede llamar así, es que él enciende el televisor en ESPN cuando llega a casa del estadio de béisbol por la noche. Se levanta por la mañana, se baña y sigue viendo ESPN.

Ella tenía razón sobre eso. Especialmente durante la temporada de béisbol, yo era un tipo bastante aburrido. Yo vivía el béisbol. Mi tiempo lo ocupaban el béisbol y la familia. Si estaba viendo otros partidos de béisbol, o viendo los mejores momentos en ESPN, me enfocaba en los equipos contra los que íbamos a jugar próximamente. Yo tomaba notas mentales sobre la situación cuando estaba viendo los juegos, siempre viendo lo que el líder al bate hacía, cuántos lanzamientos cree que le va a tomar, qué lanzamiento quería ver para poder poner la pelota a jugar. Siempre estaba mirando cuántas veces el segundo bateador bateó la bola en la otra dirección o cuántas veces bateó la bola en el espacio entre primera y segunda base cuando el bateador líder se llegó a base. Quería ver cuáles eran los lanzamientos que los bateadores de tercer, cuarto y quinto lugar estaban buscando, tanto con bases vacías como con corredores en posición anotadora. No me malinterpreten. Yo no veía todos y cada uno de los juegos. Normalmente los juegos que veía incluían a los equipos contra los que iba a jugar próximamente. Si estaba en casa y Seattle era el próximo equipo que venía a jugar en casa, estaba viendo la serie de los Marineros. Si Anaheim venía a jugar dentro de un mes, veía los juegos de los Angelinos y escribía algunas cosas. Especialmente cuando ellos estaban en la costa oeste, porque entonces me daba tiempo de llegar a casa y verlos.

Por lo general sólo recuerdo esas cosas. Mi memoria es una de las mejores cualidades que tengo. No sólo en el béisbol, también en el día a día. Pregúntale a cualquiera que me conozca. Puedo conducir un coche a una dirección en alguna parte y si tengo que volver a ir, no necesito instrucciones de cómo llegar porque recuerdo el camino.

La segunda parte de ese artículo de *Sports Illustrated* es sobre Johnny Oates, mi dirigente y al que yo quería y respetaba tanto. Mi admiración por él no tenía límites. Nadie tuvo más control sobre mí tampoco. De 1995 a 2001, fue mi capitán por casi 1,000 partidos. Le diagnosticaron un tumor del cerebro y trágicamente falleció en el 2004; apenas tenía 58 años. En el reportaje, Johnny dijo hablando de mí: "Si se mantiene saludable, les garantizo que estará dando un discurso de aceptación algún día. En mis

30 años en el béisbol, el talento más cercano que he visto al de Pudge ha sido el de Johnny Bench".

Eso significó mucho para mí porque Bench era mi ídolo. Yo tenía sólo 25 años de edad en ese momento, pero Johnny Oates era un hombre inteligente del béisbol. Ojalá pudiera haber estado allí en Cooperstown para verme en el escenario.

En 1998 ganamos otra corona de la Liga Americana Oeste, terminamos 88–74 y le ganamos a los Angelinos por tres partidos. Terminamos en segundo lugar en la Liga en carreras anotadas y marqué récords en mi carrera, bateando .321 con 21 cuadrangulares y 91 carreras impulsadas. Además, también añadí a mi colección el cuadrangular número 100 de mi carrera en casa y mi carrera número 1,000. Juan ganó otro premio MVP con un promedio ridículo de 157 carreras impulsadas.

Sin embargo, los Yankees ganaron 114 juegos, que era el máximo desde 1906. Otra vez, el tiempo y espacio no estaban de nuestra parte en términos de la historia del béisbol. Eran nuestros oponentes de la primera ronda y anotamos una carrera en tres partidos. Es difícil ganar cuando anotas una carrera en tres partidos.

El año siguiente fue el mejor equipo de Rangers en el que he jugado y quedamos 95–67. Tuvimos muchos jugadores con números altos. Rafael Palmeiro bateó .324 con 47 jonrones y 148 remolcadas, Juan bateó .326 con 39 jonrones y 128 carreras impulsadas, Rusty Greer bateó .300 con 101 carreras impulsadas, Todd Zeile y Lee Stevens batearon 24 cuadrangulares y Mark McLemore anotó 105 carreras. Éramos una ofensiva incontenible. El departamento de lanzadores era sólido también, con Aaron Sele que ganó 18 juegos y John Wetteland que salvó 43.

Mi temporada empezó caliente y así se mantuvo. El 13 de abril en Seattle, tuve nueve carreras impulsadas en cuatro entradas contra los Marineros. Bateé un cuadrangular de tres carreras en la primera entrada, un sencillo de dos carreras en el segundo, y mi primer Grand Slam de mi carrera en la cuarta entrada.

Me estaba divirtiendo como nunca yendo al estadio todos los días. Estábamos ganando, lo que siempre es agradable y yo estaba viendo la pelota bien clara en el plato. Terminé bateando .332 con 35 cuadrangulares y 113 carreras remolcadas. También anoté 116 carreras y robé 25 bases. Esa fue la primera vez que un receptor llego a batear 20 cuadrangulares y robó 20 bases en la misma temporada, algo de lo que estaba orgulloso. En una votación extremadamente estrecha -con Pedro Martínez terminando segundo- me eligieron el Jugador Más Valioso de la Liga Americana. No era suficiente premio para hacerme olvidar la pela que nos dieron los Yankees en la postemporada, algo que se estaba volviendo repetitivo y frustrante. Ganar el premio MVP es el sueño de cualquier jugador. Yo estaba inmensamente orgulloso de ese logro. Habíamos llevado a la familia a Disney World por primera vez y acabábamos de llegar la noche antes de que se anunciara la votación. No esperaba ganar, pero cuando me llamaron, salimos en el próximo vuelo para Arlington donde iba a ser la conferencia de prensa y después volvimos a Disney World.

Todo eso fue resultado de un trabajo duro. No es fácil llegar hasta allí. Lo único que puedes controlar es trabajar duro, asegurándose de que cuando estás allí, jugando nueve entradas, 27 salidas al terreno de juego durante tres horas y media, haces lo mejor que puedas. Cuando hagas esas cosas, vas a empezar a ganar premios. Y así lo hice siempre.

Mientras iba creciendo me enseñaron a jugar con todo y dolor. Eso es lo principal que tienes que hacer como receptor. Es raro que juegues al 100 por ciento. Cualquier día estaba allí con dolor en la espalda baja, piernas, manos y brazos. Cuando hacíamos los estiramientos, nos concentrábamos en las áreas adoloridas. No importaba lo que pasara yo entrenaba cada mañana, en la temporada baja y durante el año. Esa era mi remedio y necesitaba que siguiera funcionando. Se convirtió en una rutina. Mantenerme saludable, comer bien, entrenar, todo eso se vuelve mucho más fácil cuando es rutina.

Una temporada del Béisbol de Grandes Ligas es de 162 juegos, y desde el entrenamiento de primavera hasta la postemporada, que es de nueve meses en la más alta intensidad. Como un atleta digamos en la NBA o NHL, eso es 82 juegos. Una temporada de fútbol es de 16 partidos. En el béisbol tenemos que estar en nuestro nivel más alto casi todos los días durante esos seis meses de la temporada regular, correr las bases con fuerza, lanzar lo más fuerte que puedas en cada intento de robar base o que te saquen de *out* intentándolo, balanceándote fuerte, usando tu agilidad para moverte a la derecha y a la izquierda del plato para bloquear los lanzamientos. Eso es lo que estás haciendo durante tres o cuatro horas por noche, y cuando ese es el caso, cualquiera se va a despertar a la mañana siguiente sintiéndose adolorido.

No es una postura natural estar así agachado. Por alguna razón la gente no va por ahí agachada cuando trabajan en otros empleos, porque no es cómodo. Añádale a la mezcla el bloqueo de bolas en tierra, por no mencionar el hecho de que estoy lanzando la pelota de regreso al lanzador todo el tiempo. No hay relevista de receptor cuando mi brazo está cansado o adolorido. Para los receptores no hay conteo de lanzamientos.

Si se incluyen las sesiones de *bullpen*, supongo que hacia 200 lanzamientos al día, todos los días. Así que mi brazo necesitaba ser lo suficientemente fuerte como para soportarlo. Y yo solía tirar la pelota de vuelta al lanzador en un tiro decente. A algunas personas les ha parecido curioso que tuviera mi propio entrenador personal. Es porque necesitaba estar físicamente listo para esos desafíos durante la temporada.

Gracias a Dios que mi brazo no tiene cicatrices. Inclusive después de lanzar tanto y captar tanto en mi adolescencia, nunca tuve realmente dolor de codo. Es increíble pensar en lo afortunado que he sido. Estoy seguro de que el montón de estiramientos por mi cuenta y con mi entrenador personal, y con el equipo contribuyeron al buen resultado. En cuanto al hielo siempre se ve a los lanzadores poniéndose hielo en sus brazos después de los juegos. Como la mayoría de nosotros los de Puerto Rico, odio el frío. Y nunca me gustó cómo se sentía el hielo en mi brazo, por lo que-fuera de unas cuantas veces cuando un entrenador realmente me empujaba, yo nunca usé hielo.

Me bendijeron con un gran brazo, un brazo joven y mi brazo siempre ha seguido joven. Todavía puedo tirar con un poco de *pop*. Apuesto a que Nolan y yo todavía podemos tirar más rápido que algunos de los muchachos en las Grandes Ligas. Nolan es mucho más viejo que yo, pero aceptaría esa apuesta.

Durante los estiramientos y levantamiento de las pesas le daba énfasis a mi manguito rotador, que es el que sostiene los músculos y tendones que rodean la articulación del hombro y es obviamente clave para poder lanzar. Es importante destacar que estamos hablando de ligamentos pequeños y tendones pequeños alrededor de su codo y hombro, así que cuando estábamos levantando pesas para enfocarnos en estas áreas, eran pesas de tres y cinco libras. Yo nunca estaba buscando verse musculoso, sólo intentaba mantenerme flexible y fuerte.

Tuve suerte con las lesiones. Jugué en 2, 543 juegos, que entrando en la temporada 2017 se empató por 47 en la historia del Béisbol de Grandes Ligas. En el mejor de mi carrera, de 1992 a 2007, jugué en 82 por ciento de los juegos de mi equipo. Para un receptor es algo de lo cual sentirse muy orgulloso. Mi meta era jugar 150 partidos cada temporada y, aunque eso sólo ocurrió unas pocas veces, imponerme un nivel alto me hizo esforzarme para estar en el terreno cada día. Ese es el objetivo Núm. 1 para cualquier jugador de béisbol, más que batear cuadrangulares o anotar *touchdowns*. Simplemente poder estar en tu posición de juego y jugar.

Eso es sin duda lo que más me impresiona cuando miro hacia atrás. Haber entrado al terreno de juego con tanta frecuencia, jugando 21 temporadas en las Grandes Ligas y siendo receptor hasta el final. Esa última temporada con los Nacionales de Washington atrapé en 37 partidos y jugué la primera base sólo una vez. Los premios individuales como el Guante de Oro son agradables, pero lo que espero es que mis compañeros de equipo y entrenadores me recuerden por la manera en que jugué.

Había algunas restricciones en la lista de lesionados. Una hernia de disco en 2002, mi último año con los Rangers, me cortó la temporada 108 juegos. Me lastimé la rodilla un año jugando pelota de invierno en Puerto Rico. Hubo una serie de lesiones menores en mi carrera. La bien grande, sin embargo, fue en el año 2000 cuando sufrí una lesión durante la temporada. Me fracturé el dedo pulgar cuando me di un golpe con el bate de Mo Vaughn en un tiro a la segunda base. Eso fue el 24 de julio en un juego contra Anaheim. Me operaron al día siguiente y me pusieron cuatro pines. Mo definitivamente no quería pegarme.

Fue algo completamente accidental. Incluso dijo después del partido: "Es una pena porque es un gran jugador. Algo le va a faltar al juego en estos próximos dos meses".

Eso fue brutal, no poder jugar los últimos dos meses de la temporada. Sabía que estaba roto en ese mismo instante. Ni siquiera lo miré. Sólo estaba sosteniendo mi mano hasta que el entrenador salió. Cuando nos fuimos del terreno, me miré la mano y vi el hueso colgando. Eso era algo repugnante.

Esto no estaba bajo mi control. Romperme el dedo pulgar fue duro, pero necesitaba tener una mentalidad fuerte y tratar de ser lo más positivo posible. Cuando estaba cerca del equipo en el vestuario, era extremadamente positivo. Es algo que pasó y no puedo controlarlo ni cambiarlo.

Nadie habla nunca de Pudge, el bateador. Siempre hablan de Pudge el receptor. Y eso está bien. Estoy bien orgulloso de mi defensa. Deseo que la gente piense primero en mi defensa. Cada vez que saqué de *out* a un corredor o cogí fuera de base a un corredor, disfruté mucho todo eso. Sinceramente, ni siquiera hablo de mí como bateador. Sin embargo, durante esa temporada del año 2000, yo estaba viendo muy bien la bola. Y mis números eran mejores que incluso los de mi temporada MVP un año antes.

Cuando me lesioné había jugado en 91 de nuestros 97 juegos hasta ese momento. Si usted saca promedio a 144 juegos, que era en realidad un ritmo más discreto del que yo llevaba, mis números habrían incluido un promedio de bateo para .347, con 44 cuadrangulares, 44 dobles, 135 RBI, y 206 *hits*. Los únicos dos jugadores en la historia del béisbol que han llegado a esos números en una sola temporada son Babe Ruth en 1921 y Lou Gehrig en 1927. Eso habría sido seguramente una lista importante a la que unirse. Ofensivamente hablando, esa temporada fue definitivamente un punto alto en mi carrera. Tenía entonces 28 años.

No cambié nada en términos de mi estilo de captura debido a esa lesión. Fue un accidente tonto, que nunca me sucedió ni antes ni después, así que no podía preocuparme por eso. Sólo traté de ser el mejor compañero de equipo que podía ser. Yo estaba en el estadio para cada partido que el equipo jugaba en casa, en el *dugout*, ofreciendo apoyo, animando, haciendo lo que pudiera.

8

A-Rod y la partida

NADA MÁS TERMINAR MI TEMPORADA COMO NOVATO, ME convertí en una criatura de costumbres mientras duraba la temporada de béisbol y especialmente cuando jugábamos en casa. Cuando se juega fuera de casa, se hace un poco más difícil y eso es sin contar los días viajando y los vuelos de avión de tres y cuatro horas. Cuando jugábamos en Arlington, mi rutina era casi siempre la misma.

Me despertaba como de 6:30 a 7:00 AM, desayunaba algo, tomaba café. Hasta el Sol de hoy soy un gran bebedor de café. Entrenaba con ejercicios a las 10:00 AM entre una hora y 90 minutos, dependiendo de si hacíamos estiramiento adicional. Inclusive cuando viajábamos, Edgar Díaz, mi entrenador personal, iba conmigo y me acompañó por años. Cuando jugábamos en casa, regresaba de entrenar a casa, almorzaba en casa y quizás dormía una siesta hasta la hora de salir para el parque a la 1:30 PM.

Ya en el parque chequeaba los reportes de los *scouts*, veía algunos videos, me reunía con el lanzador que abría el juego de ese día y con el entrenador de lanzamientos. Mi meta era siempre dar la mejor información a nuestros lanzadores. Nunca invertí tiempo en preocuparme por el lanzador al que nos íbamos a enfrentar. Yo le dedicaba todo mi tiempo y energía a preparar a mi equipo y a estar listo para la alineación.

Ya para esa hora tocaba hacer estiramiento y despúes la práctica de bateo, quizás jugando con un poco de sabor. Siempre me ha gustado capturar bolas de piconazo en tercera base también. De ahí pasaba a encontrarme con el lanzador de esa noche. Esa última hora antes de entrar al terreno de juego, por lo general hay algún juego de béisbol en televisión. También era el único momento que tenía para compartir en familia. Algunos jugadores se comían algo, pero yo no digería la comida tan rápido y prefería esperar a comer después del juego. Muchas noches no cené hasta pasada la medianoche. Después de cenar trataba de dormir por lo menos seis horas. Esa era mi meta: conseguir por lo menos seis horas de sueño. A decir verdad, nunca he sido de mucho dormir. La culpa de eso la tiene la adrenalina después de los juegos, pero en realidad no dormía mejor fuera de temporada, ni siquiera ahora que estoy retirado.

Tampoco me gusta estar solo. Siempre me ha gustado tener a alguien cerca para hablar, para ver un juego. Por eso Edgar viajaba mucho conmigo y mi hermano también venia conmigo o se quedaba en casa si jugábamos en Arlington. Papi también venía con frecuencia a visitarnos durante la temporada. Yo intentaba tener siempre a alguien a mí alrededor para no estar solo.

TITO RODRÍGUEZ
HERMANO MAYOR
"Desde jovencito, nunca le ha gustado estar solo. Nos quedábamos juntos casi todas las noches hasta dormirnos. Cuando estaba en Grandes Ligas tenía temor a quedarse solo, estábamos juntos cada noche. A veces tenía a tanta

gente alrededor suyo que cuando finalmente se sentía cansado, le tocaba dormir en el sofá, porque todas las camas estaban cogidas. Hubo muchas, pero muchas ocasiones en que durmió en el sofá. Con frecuencia cuando salía el Sol, todavía estábamos viendo ESPN. Él se dormía como por dos o tres horas la mayor parte de las noches mientras jugábamos fuera de casa. Siempre dormía más en casa. Todavía hoy, no duerme mucho porque siempre está viendo el Canal de Golf".

"Siempre repasaba los reportes de los scouts, preguntándole a todos qué pasó en el béisbol hoy, ¿Cómo lanzó este o aquel jugador? ¿Dónde estamos en la pizarra de puntuación? Se quedaba despierto a ver los juegos de tarde en la noche y tomaba notas porque decía que alguien tenía que ver a los lanzadores que iban a enfrentar más adelante en la temporada. Le suplicábamos que se fuera a dormir pero siempre decía que no. Él necesitaba más béisbol".

La gran noticia fuera de temporada en 2000–2001 fue que los Rangers firmaron a Alex Rodríguez. El contrato que hizo historia era por 10 años y $252 millones, algo que sorprendió al mundo del béisbol. Ese era por mucho margen el contrato más alto nunca antes firmado. Y la cosa es que no había otras ofertas que se le acercaran a la que nuestro propietario, Tom Hicks, accedió a pagar.

En esos momentos yo me estaba ganando $8.2 millones y hacia un año que había ganado el MVP. Y hubiera tenido otra oportunidad de ganar un MVP si no llega a ser por la lesión en el dedo pulgar casi al final de la temporada. Y ahora A-Rod iba a ganar tres veces más que yo. El contrato más alto en la historia de este deporte había sido el de Kevin Garnett por $128 millones, que era la mitad del que firmó Alex Rodríguez. Era una locura pensar en eso, alucinante. Al día de hoy, 16 años más tarde, los únicos contratos más importantes que se han firmado han sido la extensión al contrato de A-Rod ($275 millones por 10 años) con los Yankees de Nueva York y el de Giancarlo Stanton con los Marlins de Miami, ($325 millones por 13 años), que empezó en 2015.

Aun así, yo insistía mucho con él para que jugara con los Rangers. Hablaba con él casi todos los días por más de un mes. Alex empezó a llamarme Barry Switzer, el legendario entrenador de fútbol americano de Oklahoma, por el trabajo de buscar talento de forma tan insistente por parte mía.

En mi mente, yo pensaba que con A-Rod teníamos oportunidad de ganar una Serie Mundial. Hasta llegar a la serie postemporada hubiera sido bien bueno, ahora que ya estaba yo entrando en mi décima temporada y habíamos ganado solamente un juego en una serie postemporada. Su reemplazo, Jerry Narron era un dirigente muy relajado, muy calmado, bien tranquilo y bien amable. Narron estaba disponible en el momento en que lo necesitaras, para cualquier cosa y en cualquier lugar. Si querías que estuviera en el parque a la 1:00, llegaba a las 12:30. Cualquier cosa que los jugadores quisieran para jugar mejor, él estaba siempre disponible antes, durante y después del juego, no le importaba. Realmente me hubiera gustado que jugáramos mejor con él. En vez de eso, terminamos últimos en la división otra vez en 2002 y a él lo despidieron.

No creo que el club haya cambiado mucho con la llegada de Alex Rodríguez a Texas. Aunque obviamente vi como acaparaba la atención de todos como el jugador mejor pagado. Eso no me importaba. Como jugador, yo venía, hacía lo mejor que podía y le daba consejos a quien me los pedía, como a Alex por ejemplo.

Todos en el club lo hicieron en algún momento. No solamente Alex. Fuimos compañeros de equipo por dos años y no tuve ningún problema con él Cuando se fue, tengo la impresión de que la organización se estaba moviendo en otra dirección. Querían cambiar las cosas y obviamente, deshacerse de parte de ese contrato. Tampoco estaban ganando y eso, pues, no ayudaba.

Sinceramente, Alex nunca reclamó tener autoridad sobre mi ni nada por estilo, si lo llega a hacer yo les seguro que lo hubiera parado en seco.

Nunca tuve problemas con la mayoría de mis compañeros de equipo. La mayoría de ellos me querían como compañero de equipo, aunque con algunos no fue así. Como yo jugaba para ganar, si veía que alguien no se movía como el resto del equipo, iba y hablaba con él. Me gusta la gente que juega el béisbol con fuerza, aunque no puedo decir que he jugado con fuerza todas y cada una de las veces. A veces me ponía vago, pero entonces me castigaba a mí mismo. Otros jugadores se me acercaban para decirme, "Oye, si quieres que juguemos con fuerza, hazlo tú también". Les aprecio que me lo dijeran. Después del juego, en los vestidores les daba las "Gracias por recordármelo" y un abrazo. Supongo que a veces damos las cosas por sentado y esas son las cosas que no debes estar haciendo como jugador de béisbol. Y yo las hice de vez en cuando, como coger de *out* una bola de piconazo. Soy humano como todo el mundo. Si estaba empujando a mis compañeros de equipo para que hicieran lo que yo no estaba dispuesto a hacer ¿Qué clase de ejemplo estoy dando? Siempre traté de ser consciente de mi conducta, tanto por mis compañeros como por los niños que me estaban mirando.

Jugamos el primer partido de la temporada del 2001 en Puerto Rico, en el Estadio Hiram Bithorn en San Juan. Ese fue un día bien especial. Dimos clínicas y trabajamos con niños pequeños durante los tres días que estuvimos allí. Eso significó tanto para la gente de allá. El béisbol tiene un papel estelar en la cultura de Puerto Rico. Es tan importante como comer. Por supuesto que tener allí un juego de Grandes Ligas era un gran evento. Perdimos el juego 8–1, pero los recuerdos que atesoro son los de los nenes con los que trabajamos y de estar con toda mi familia y amigos alrededor mío.

Por séptima temporada consecutiva bateé por lo menos para .300 y para .308 al finalizar 2001. Para terminar como acabamos, perdiendo 89 juegos, nuestra ofensiva había sido bastante poderosa. A-Rod disparó 52 cuadrangulares y empujó 135 carreras, y Rafael Palmeiro no se quedaba atrás con 47 y 123. El problema era los lanzamientos. Nuestro ERA 5.71 fue fácilmente el más alto de la liga y el más alto en la historia de la franquicia. De hecho, hasta el día de hoy, es el tercero más alto para cualquier equipo de la Liga Americana desde 1950.

Mi temporada terminó antes de tiempo, por un dolor en la rodilla derecha que diagnosticaron como tendinitis de la rótula. Me pusieron en la lista de los lesionados y me operaron la rodilla el 8 de septiembre al final de la temporada Eso fue bien frustrante porque había estado concentrado en el plato, bateando cerca de .350 en julio y agosto. Y repito, siempre he bateado mejor en los meses de calor, como seguramente le sucede a la mayoría de los jugadores que son de Puerto Rico y de la Republica Dominicana.

El 11 de septiembre de 2001 yo no estaba en Oakland con mis compañeros de equipo. Estaba en Carrolton, Texas, recuperándome de la cirugía. Definitivamente que el Comisionado Bud Selig y la Liga actuaron correctamente, posponiendo los juegos de béisbol una semana. Después de una tragedia como esa, nadie estaba de ánimo para jugar béisbol.

A principios de la temporada 2002, me diagnosticaron una hernia de disco en la espalda baja, que me mantuvo fuera de la alineación por casi dos meses. Ningún momento es bueno para una lesión, pero tanto para mí, como para el equipo, este momento no podía ser peor. Juan González, que estaba de vuelta en Texas después de estar fuera un par de temporadas; nuestro lanzador para abrir juegos Chan Ho Park; y nuestro lanzador experto en cerrar juegos, Jeff Zimmerman estaban todos en la lista de lesionados y aparte de eso era el último año de mi contrato. La organización ya había invertido en una oferta considerable por Park y por el jardinero de fondo Carl Everett, sin mencionar el contrato de A-Rod y con todo y eso no ganábamos, así que creo que vi la dirección en la que íbamos. Esto es un negocio y solamente hay cierta cantidad de dinero.

Aun así yo solamente quería jugar el mejor béisbol que pudiera y vean cómo acabó todo. Además, ya yo tenía 30 años y en el caso de los receptores muchos creían que los 30 eran los nuevos 40, lo que significa que mis años más sólidos estaban a punto de terminar. Tampoco me estaba ayudando a mí mismo a probar que esa teoría era equivocada, perdiéndome 176 juegos, por culpa de mis lesiones durante esos tres años con los Rangers.

Cuando estaba trabajando en mi regreso de la lesión en la espalda, los Rangers me hicieron un acercamiento para preguntarme acerca de un posible cambio en mi posición de juego, para que mi carrera durara más tiempo. Mirando al pasado, si yo hubiera estado de acuerdo, quizás me hubieran firmado una extensión al contrato. No sé, en verdad nunca había pensado mucho en eso hasta este mismo momento. A pesar de todo, dije que no. Y solamente me tomó dos segundos decir que no. Mi padre me había convencido cuando yo era un nene, de que en verdad yo había nacido para receptor.

Estoy seguro de que ya se demostró que Papi estaba en lo correcto. Yo había nacido para receptor.

Algo que hice con frecuencia en mi carrera era atrapar bolas de piconazo en tercera base, mi primera posición, junto con la de receptor allá en el parque juvenil. Tal vez pude haber sido tercera base de Grandes Ligas, pero no sé por qué nunca traté de hacerlo. Ya al final de mi carrera, jugué en la primera base. Probablemente porque tengo buenas manos. Aunque nunca he pensado en eso; con lo rápido que era yo detrás del plato igualmente podía haber jugado tercera base bien. Por otra parte, yo me la pasaba molestando a mis dirigentes para que me dejaran batear con la zurda en algún juego también. En las prácticas de bateo desde el lado izquierdo del plato bateaba cuadrangulares, pero ninguno de los dirigentes quiso. Como alternativa de vida podía haber sido el hombre de tercera base para cambiar a batear desde el lado izquierdo del plato.

Mi primer juego de regreso de la lesión en la espalda fue durante una seria interliga contra los Bravos de Atlanta a principios de junio. Llegué a 4 por 4 y mi promedio de bateo subió 64 puntos en ese juego. De ahí en adelante el año me fue bastante bien; bateé para .314 con 19 cuadrangulares.

Después de haber ganado 10 Guantes de Oro consecutivos, con los que llegué a empatar con Johnny Bench, mi carrera terminó en 2002. No me sentía decepcionado, sin embargo, porque el puesto lo ocupó Bengie Molina, también de Puerto Rico. Yo estaba contento con esa selección. De hecho, la siguiente vez que nos vimos, fui hasta donde él y lo felicité por el buen año que había tenido y cuando la gente tiene un buen año hay que darle la mano y decirle: "Sigue como vas, que estás haciendo buen trabajo". Esas fueron exactamente mis palabras. Se las había ganado.

El hermano pequeño de Bengie, Yadier, que juega para los Cardenales de San Luis, ha ganado Ocho Guantes de Oro y es el mejor receptor defensivo de su generación, manos abajo. Ese va a llegar al Salón de la Fama algún día. Si se mantiene saludable, va a ser el próximo receptor puertorriqueño en Cooperstown. Espero que siga fuerte mental y físicamente para verlo un día dar su discurso de aceptación en el escenario.

Yo tenía dos metas cada temporada de mi carrera. Una de ellas era jugar en 150 juegos. Aunque solamente logré cumplirla dos veces, llegué bastante cerca en otras cuantas. En segundo lugar, quería tener una temporada mejor que la del año anterior. Sí, ya sé que no soy muy realista ahora que ya soy adulto, pero esa fue una de mis metas hasta mi último juego.

En cuanto a los premios, eso es algo sobre lo que no se tiene control, ¿tú sabes? Esos no estaban entre mis metas. Yo nunca jugué una temporada porque quería ganarme un Guante de Oro, o que me invitaran a ser parte del equipo del Juego de Estrellas, ni para ganarme un "Silver Slugger", ni un MVP, ni para ser el Jugador del Mes o el Jugador de la Semana, etc. Si esas eran cosas sobre las que yo no tenía control, ¿para qué ponerles energía? Eso es contraproducente. Tener metas no es nada malo, pero tienes que lograrlas por tu propia mano, sin depender de otra gente o de los que tiene voto.

Jugar en serio todos los días sí era algo que estaba bajo mi control. Los Guantes de Oro, los Silver Slugger", el MVP son premios que obviamente me honran, pero voy a volver al porqué los atesoro. Porque si yo no hubiera trabajado bien duro, nunca me hubieran dado esos premios. ¿Sabes cómo a veces te comentan de atletas jóvenes con todo este potencial y que después desaparecen? Esa es la razón. El talento por sí solo no es suficiente. El trabajo duro y la dedicación a su arte también cuentan.

No era ningún secreto que probablemente no iba a volver a Texas y los fanáticos también lo sabían. Uno de los momentos más cargados de emoción de mi carrera llegó con el último juego de la temporada de 2002, cuando los aficionados locales me recibieron con una ovación de pie en cada uno de mis cuatro turnos al bate contra los Atléticos de Oakland. Se suponía que yo solamente tenía tres turnos al bate. En el tercer turno, vino otra ovación muy grande y la saqué del parque por el jardín izquierdo. El juego se paralizó por varios minutos porque la multitud de aficionados no paraba de aplaudir. Salí para saludar a los fanáticos. Sentí algo increíble en esos momentos. Yo quiero mucho a los fanáticos de los Rangers y aquí crecí como jugador de béisbol. Eran tantos los recuerdos, las emociones, tanto aprecio de mi parte. Me hubiera pasado el día entero allí dándole la mano a cada una de las personas en el público. Cuando volví al *dugout* Jerry Narron me preguntó si quería seguir en el juego. Yo le dije, "Quiero volver a salir y ser receptor. Me gustaría jugar en una entrada más y después me sacas del juego si eso deseas".

Cinco jugadores habían bateado después de mi cuadrangular en la entrada anterior, así que cuando le dieron base por bola a Alex Rodríguez en la segunda parte de la octava entrada, me tocaba turno al bate de nuevo. Le dije al entrenador Rudy Jaramillo, "Quiero batear una vez más". Me dijo, "No hombre, ¿para dónde vas? Acabas de conectar un cuadrangular", pero yo le contesté, "No me importa si bateé un cuadrangular. Quiero hacerlo una vez más porque adoro este momento. Estoy disfrutando este momento. Quiero ver a la fanaticada feliz por última vez.

Fui a donde Jerry y le dije que quería batear una vez más. Al primer lanzamiento que vi, bateé un doble que llegó a la pared de la parte derecha del jardín central. Esa ha sido una de las mejores cosas que me han pasado. El béisbol es un juego tan increíble que a veces no se sabe qué es lo próximo que va a suceder. Miren lo que me pasó a mí, que en mis últimos dos turnos al bate con la única franquicia con la que había jugado, bateé un cuadrangular y después un doble que casi sale del parque. No se equivoquen, si pudiera echar para atrás y revivir tres o cuatro juegos de mi carrera en el béisbol, definitivamente que este juego iba a estar en esa lista.

Los primeros días tenía el corazón partido porque no volvería a jugar con los Rangers. Nunca pensé en jugar con otro equipo. Jugar toda mi carrera con una organización era uno de mis objetivos principales en la liga. Inclusive en esos momentos sentía un gran aprecio por los Rangers. Nunca sentí emociones negativas. Me dieron tanto y tanto. Me dieron la oportunidad de hacer realidad mi sueño. Y me hicieron una oferta para que me quedara, pero no se acercaba ni remotamente a lo que yo tenía en mente, así que era hora de buscar en otro lugar. Solamente un grupo reducido de jugadores han jugado todas sus carreras con el mismo equipo. Me vienen a la mente Cal Ripken, Derek Jeter, Tony Gwynn, Craig Biggio, George Brett, Roberto Clemente, and Johnny Bench.

Cuando me fui era el segundo jugador en la historia de la franquicia que había jugado 1,479 partido, que son 33 menos que los de otro receptor y ganador de Guante de Oro, Jim Sundberg, un muy buen jugador que todavía trabaja en las oficinas del equipo. Además, yo estaba en cuarto lugar en bateo con 1,723 hits y dobles para .344, segundo en carreras con 852, tercero en RBIs con 829 y cuarto en cuadrangulares con 215. No importa cómo termine mi carrera, yo siempre voy a ser un Ranger de Texas.

Ser agente libre fue una experiencia nueva para mí. Solamente unos pocos equipos estaban interesados. Ese noviembre cumplí 31 años y no había jugado más de 111 partidos en las últimas tres temporadas. De seguro que muchos pensaron que no jugaría más. Mi cuerpo se estaba resintiendo

Ese tiempo fuera de temporada se me hizo bien difícil. Yo no era ni el primer agente libre, ni el segundo, ni el 100 en el mercado. En enero, cuando generalmente firman a la mayoría de los agentes libres, tenía ofertas para jugar tres años con los Orioles de Baltimore y varias propuestas de la Liga de Japón, a donde no tenía intención de ir, pero mi agente, Jeff Moorad estaba más que dispuesto a escuchar cualquier todas las ofertas.

Hubo otros acuerdos de varios años sobre la mesa también, pero por alguna razón, yo sentí una fuerza poderosa que me decía que firmara con los Marlins de Florida, que juegan en Miami, donde teníamos una casa y también vivía mi hermano.

Realmente no hay manera de explicar esto en palabras. Yo sentía esta vibración positiva de jugar con los Marlins. Sencillamente sentía que era lo que me convenía y me gustaba la idea de no tener que trasladar a mi familia. Y aunque acabamos siendo un tremendo equipo, en ese entonces no estaba seguro de lo que iba a pasar. Claro que, el año anterior los Rangers habían perdido 90 juegos y eso era difícil de procesar. Me crié en equipos ganadores mientras estaba en los Rangers. Y los juegos que habíamos ganado durante las últimas tres temporadas no pasaban de 73.

La tercera semana de enero, así como de la nada, me llamaron los Marlins con más interés del que habían demostrado hasta ese momento y claro que eso me puso muy contento. Estábamos esperando un contrato para jugar por cinco años, pero con mi historial de lesiones recientes, especialmente de la espalda, ellos no demostraron mucho interés en ese tipo de acuerdo.

Cuando me hicieron el examen físico, el doctor del equipo de Miami no quería aprobar mi contrato. Le dijo al dueño, Jeffrey Loria y al gerente general Larry Beinfest que si sellaban el trato, era posible que yo no pudiera completar la temporada por la situación con mi espalda. Dijo que había encontrado algo muy malo en mi espalda y que no iba a aprobar el contrato por la póliza de seguro o por lo que fuera. Me sentía bien frustrado.

A pesar de eso, los Marlins me hicieron una oferta de $10 millones por jugar un año. Para enmarcar esto en el tiempo, ese fue uno de los periodos fuera de temporada con más agentes libres en la historia del béisbol y yo fui uno de cuatro jugadores que firmaron por $10 millones para jugar un año, y los otros tres eran Greg Maddux, Tom Glavine y Jim Thome.

Para mí era una decisión que no había que meditar. Yo quería jugar en Florida. También quería demostrarle al mundo del béisbol que yo estaba saludable y que mi carrera no iba en picada. Quería que ese fuera uno de los mejores años de mi vida. Aparte, sentirme apreciado, necesitado para ser líder de un equipo joven era fantástico. Durante la conferencia de prensa en la que anunciaron que me habían firmado, Loria dijo. "Teníamos una oportunidad única y especial de firmar a un jugador especial. Creemos que para nuestro equipo este año y esta temporada van a ser especiales y que se garantiza la inversión".

Loria no pudo haberlo dicho mejor y estaba en lo correcto cuando dijo que iba a ser una temporada especial. En realidad, para muchos de nosotros llegó a ser la temporada de nuestras vidas.

Siempre un campeón

LOS MARLINS DE FLORIDA ESTABAN EN SU UNDÉCIMO AÑO DE vida cuando me uní a ellos en 2003 y tenían en su récord haber ganado una sola Serie Mundial. Eso fue en 1997, cuando ganaron estando al mando del gerente Jim Leyland y sorprendieron a todo el béisbol cuando ganaron la Serie Mundial. Después de eso, se deshicieron de la mayoría de los jugadores y volvió a ser una franquicia en crecimiento. La moral entre los fanáticos tampoco estaba muy alta que digamos. El año antes de mi llegada, el equipo de los Marlins apenas había atraído a 10,000 fanáticos por cada partido que jugaron en casa. Miami tiene un montón de fanáticos del béisbol, a los que les gusta vitorear a un ganador, igual que a cualquier otra persona.

Sin embargo, había mucho talento joven en ese equipo y eso fue evidente desde el primer día del entrenamiento de primavera. Derrek Lee, Luis Castillo, Juan Pedro, Juan Encarnación y Mike Lowell anclaron la alineación y todos ellos tenían 20 años. Josh Beckett, Dontrelle Willis, Carl Pavano, Brad Penny y Marck Redman componían la rotación inicial y todos ellos estaban en sus 20 y pico. A los 31 años yo era un viejo.

Según fui creciendo siempre hablaba con los jugadores más jóvenes sobre el respeto al juego y sobre jugar siguiendo el camino correcto, pero nunca me sentí como el líder del equipo, obviamente hasta esa temporada con los Marlins. Probablemente parte de eso fue mi propia madurez y además nunca fui el titular más antiguo en ninguno de los equipos de los Rangers.

Así que mientras yo estaba todavía intensamente concentrado en mi propio juego desde el principio, sentía que era hora de llevar mi liderazgo a otro nivel. Cuando los jugadores más jóvenes no mostraban respeto o no se esforzaban por jugar mejor, yo hablaba con ellos. Vi mucho eso en mi equipo, pero como jugador no soy el tipo de persona que haría quedar mal a un jugador delante de los compañeros de equipo. Estaba tranquilo. Después del juego me sentaba y hablaba con ellos sobre por qué habían hecho las cosas que habían hecho. No fue fácil, porque algunos de los jugadores se creían que eran los mejores. Ellos pensarían, ¿Quién coño eres tú para decirme esto? Déjame en paz. A veces hay que tener cuidado. A mí el tiro me salió por la culata varias veces. Yo iba con toda mi calma y me sentaba con el hombre y a él le daba coraje y me salía de atrás para adelante. Había otras formas en las que yo podía bregar con eso, pero francamente con ese tipo de jugadores, las cosas se arreglaban por sí solas. El juego y el ambiente del equipo por lo regular se encargan de sacar a los que no están comprometidos con el béisbol.

Beckett tenía solamente 23 años, pero qué talento de muchacho. Era obvio por qué lo seleccionaron en la segunda ronda de 1999 de la MBL. Y Willis, un zurdo, tenía 21. En junio de ese año llamamos a Miguel Cabrera a Grandes Ligas, cuando le faltaban dos meses para cumplir los 20. Éramos uno de los equipos más jóvenes de la Liga y eso me encantaba. Me gustaba ver la energía que traían al juego los jugadores más jóvenes, y disfrutaba mi trabajo con los lanzadores jóvenes. Me sentía mucho más que optimista.

Sin embargo, la serie empezó bien mal. Fue desastrosa. Formábamos un equipo de béisbol horrible desde que empezamos. Estábamos empezando temporada 16–22 cuando despidieron al dirigente Jeff Torborg y trajeron a Jack McKeon, que con 72 años, estaba lleno de energía y pensamiento positivo. Empezó en su primer trabajo como dirigente con los Reales de Kansas City antes de la temporada de 1973, cuando yo tenía un año de edad.

Las cosas no cambiaron de la noche a la mañana cuando llegó Jack. Todavía estábamos 34–39 el 18 de junio, más de un mes después del cambio. En mayo tuve creo que el peor mes de mi carrera, bateé solamente .169 y perdimos 16 de nuestros 28 juegos. A mediados de junio ya no nos paraba nadie y ganamos dos terceras partes de los juegos que nos faltaban. Ese año fue extremadamente agradable para mí, porque los jugadores jóvenes me escuchaban atentamente y yo daba lo mejor de mí para contribuir el liderazgo que necesitábamos. Si lo analizamos, muchos de esos lanzadores tuvieron uno de los mejores años de sus carreras esa temporada. Pasábamos mucho tiempo antes de que empezaran los juegos revisando los informes de los *scouts*. Todos disfrutábamos estar en el parque.

La química cambió casi instantáneamente cuando Jack cogió las riendas. Y no solamente desde nuestro punto de vista. De pronto, todo el mundo quería ir a los juegos de los Marlins y jugábamos para multitudes de fanáticos, que venían cada noche listos para dejarse oír tan duro como pudieran. En el área de Miami hay muchos fanáticos del béisbol, muchos de ellos son hispanos y se volvieron locos con ese equipo. Allí logramos algo que ninguno de ellos podrá olvidar jamás.

Jack siempre será para mí "El hombre del tabaco" y yo por lo regular le llamaba así. El trajo candela como dirigente.

Él gritaba y hablaba duro en el *dugout* y la mitad de las veces nosotros ni sabíamos con quién estaba hablando. Eso tal vez no era importante. El sólo quería que todos lo escucháramos. Era todo lo opuesto a Jeff Torborg, que era buena gente, pero relajado. Jeff no hablaba mucho y nunca alzaba la voz.

Jack era súper intenso. En la casa club siempre andaba de un lado para otro con el cigarro y lo dejaba por todos lados, dejando el olor a cigarro. Cuando estábamos en el terreno de juego todos olíamos a cigarro. Pero era un gran dirigente. Cuando él se hizo cargo, nosotros sentimos el cambio ese primer día, aunque nos haya tomado como un mes empezar a ganar. La atmósfera era lo opuesto a lo que teníamos. Desde el principio me dijo "Yo soy el dirigente pero ahí afuera tú eres mi líder. Así que arranca que estas a cargo. Me alegró mucho que me dijera eso, porque si tenía que hablarle fuerte a alguien contaba con el respaldo de Jack.

Guardo gratos recuerdos tanto de trabajo como de amistad del que ha sido uno de mis mejores entrenadores y de quien tanto aprendí a través del tiempo, José Guillén. Con el disfruté la increíble sensación de ganar una Serie Mundial.

Como de costumbre en mi carrera, mi bateo volvió a la vida en el verano. En julio estaba bateando cerca de .400 con 21 RBIs mientras íbamos 17–7. Más o menos para el momento en que cerramos el trato de un comodín, alguien le preguntó al jardinero central de los Bravos de Atlanta Gary Sheffield, si pensaba que nuestro equipo le había callado la boca a todo el mundo. Gary, uno de los mejores bateadores en el juego, era jugador de los Marlins cuando ganaron la Serie Mundial de 1997. Gary contestó, "No sé cómo. En el entrenamiento de primavera dije que eran un buen equipo. Cuando añadieron a Pudge, incluyeron a alguien con credibilidad".

Los Bravos de Sheffield ganaron 101 juegos y se llevaron el trofeo de nuestra división, la Liga Nacional del Este, pero sentimos el *momentum* entrando a los juegos de la serie postemporada. Nada como un final sólido para levantar la confianza del equipo. El personal más joven y yo nunca estábamos de acuerdo en nada. Willis acabó 14–6 y ganó como el Novato del Año de la Liga Nacional, pero el mejor del grupo era Beckett. Después de la oportunidad en el Juego de Estrellas, marcó 2.55 de ERA y sacó de *out* a más de un bateador por cada entrada. Con cada juego que abría mejoraba más su estilo.

JOSH BECKETT
LANZADOR DE LOS MARLINS

"Cuando firmamos a Pudge, la atmósfera que rodeaba a la franquicia cambió en un instante. La noche que anunciaron que lo habían firmado fui a un evento de FanFest y los Marlins de repente eran algo grande. Todo el mundo hablaba de eso. Pudge tenía un aura única a su alrededor. No solamente era una estrella: era una superestrella y era emocionante sentir eso tan cerca. Hizo que el resto de nosotros creyera que pertenecíamos a las Grandes Ligas, porque estábamos en el mismo equipo que él. La temporada anterio,r podíamos jugar contra un equipo y pensar, 'Miren a estos tipos, probablemente tienen carros de lujo, siempre salen en *SportsCenter*. Pero ahora, con Pudge en el equipo decimos, oye, nosotros podemos ganarle a estos tipos.'

"Todo el mundo habla de su brazo y con razón, pero fue un gran jugador detrás del plato, uno de los mejores receptores en el juego, probablemente en toda la historia. Pudge mantenía sus manos muy quietas y eso ayuda a que el lanzador se relaje y haga ajustes durante un turno al bate, algo que pocos receptores hacen. Teníamos mucha confianza en los lanzamientos que pedía por su experiencia. Pudge habría sido un receptor increíble incluso si hubiera tenido el peor brazo lanzador en la liga, imagínese teniendo el mejor".

La química entre Josh y yo no surgió de inmediato porque-bueno, porque por extraño que suene, creo que yo no le caía bien al personal. Esperemos que, cuando miren al pasado, entiendan porqué yo era con ellos de la forma en que fui esa temporada. Quería ganar y quería que jugaran mejor. Y ambos objetivos se lograron. Podríamos estar debatiendo sobre lo insoportable que yo les resultaba a ellos el resto de nuestras vidas, pero al menos había los medios para alcanzar el fin.

Yo empezaba a hablar con el lanzador que iba a abrir el juego desde el momento que ponía un pie en los vestidores. Le ponía en las manos los informes de los scouts. Nos reuníamos por una hora antes de la práctica de bateo y después de la práctica otra vez. Quizás no era así al principio, pero en la medida en que empezamos a jugar mejor, mi intensidad y mi sed de éxito seguían aumentando.

Algo que resultó verdaderamente asombroso sobre lo que logramos esa temporada, fue que en abril perdimos a nuestro abridor de juegos Núm. 1, A.J. Burnett. Había sido el líder de la liga en blanqueadas el año anterior y también lanzó un juego perfecto. Es sorprendente que cada uno de nuestros lanzadores que abrían juegos, así fuera temporada regular y postemporada tenían veintitantos años. Eso es algo fuera de serie.

Siempre le di el mismo trato a todos los lanzadores por igual, realmente a cada uno de los del equipo. Ese año yo estaba en todas partes. Quería ser el primero en llegar al parque, incluso después de mis entrenamientos de la mañana. Estaba obsesionado con maximizar el potencial del equipo. Había un elemento personal envuelto. Muchas de las oficinas de franquicia rumoreaban, al acabar la temporada, que Pudge había llegado a su fin. Créanme, que eso lastimó mucho mi ego y además en esos momentos el teléfono no acababa de sonar con ofertas, así que ya se pueden imaginar. Esta era mi oportunidad y estaba jugando con un contrato de un año. Iba a darlo todo para demostrarles que no estaba listo para el ocaso de mi carrera, no por un buen tiempo. Así que aunque la química y la relación que tenía con todos los lanzadores eran muy buenas, a veces los volvía locos. Yo pensaba, *me importa un carajo si eres un buen prospecto. Eres parte de este equipo. Y ya sé que eres el mejor prospecto, pero ahora estás en las Grandes Ligas.*

Y Josh y yo, bueno, yo podía hacer que perdiera los cascos. Les digo que se ponía furioso. A veces, durante el juego, me iba directamente a su cara, justo en el montículo y le decía: "Más vale que te pongas las pilas. Esta mierda que estás lanzando ni siquiera está al nivel de las Pequeñas Ligas. Se supone que eres un gran lanzador, ¿no? Les voy a decir que te devuelvan a las ligas de matorrales donde perteneces".

Había un lenguaje florido entremezclado en el mensaje. Estoy seguro de que pueden usar la imaginación. Lo hice porque sabía que él iba a ser especial. Hay una diferencia entre guiar a un lanzador con potencial decente para tener una buena salida o lo que sea, y guiar a este hombre de 23 años con un brazo de los dioses del béisbol del que podríamos pronosticar su carrera. Si Josh hubiera querido ganar los premios Cy Young y los premios MVP de la Serie Mundial, tenía el talento para hacerlo. No muchos lanzadores tienen eso.

A veces, no se puede cuidar a los lanzadores o jugadores como si fueran niños, porque si lo haces, les estás haciendo un daño. Tú eres parte del problema. Personalmente, nunca he sido fanático de un entrenador que me diga, que estaba haciendo un gran trabajo. Yo sabía la clase de jugador que era y su trabajo era obligarme a ser mejor, entrenarme para ser mejor y enseñarme algo para mejorar.

Y yo no sólo era el veterano del equipo, también era el único agente libre que los Marlins firmaron ese año. Realmente fue un poco extraño que salieran de la nada con esa oferta de $ 10 millones, ya que estaban reconstruyendo el equipo con talento joven y económico. Todos los demás jugadores habían estado allí el año anterior cuando terminaron con un récord de derrotas.

Me puse a pensar en la forma en que los jugadores veteranos me trataron cuando llegué a los Rangers en aquel tiempo y cuando siendo muy joven subí a las Grandes Ligas. Fueron duros conmigo. Se aseguraron de que no fuera un tipo engreído que confiaba solo en su talento.

Ese año con los Marlins, vi a todos estos jóvenes haciendo cosas que no debían hacer. Después de la forma en que comenzamos la temporada-todavía estábamos en el último lugar en junio-yo dije: ¿"Saben una cosa? Va a ser mejor que se despierten. Si quieren ser el equipo Núm. 1, entonces tienen que actuar como el equipo Núm. 1. Porque en estos momentos no lo son". Le decía a Josh: ¿"Sabes, en estos momentos eres una mierda, nada más y nada menos".

No lo apreciaban porque eran jóvenes. No podían bregar con eso. Solo puedo imaginar las cosas que dirían de mí a mis espaldas, sobre todo cuando estaba bateando como .240 a finales de mayo. *Dile al viejo que se calle.* Pensaban que yo era un idiota, pero en realidad no lo era. En cuanto a Josh, yo era su receptor y quería que fuera grandioso. Quería que dominara la liga como era capaz de hacerlo. Esa es la cosa, si Josh era grande, como vimos más adelante esa temporada, nuestro equipo podía ser grande y ganar.

Para serles sincero, yo tenía un montón de situaciones en esos tiempos, también. Por alguna razón yo nunca había sido tan duro con mis compañeros como esa temporada. No antes con los Rangers y nunca después de ellos. Si miro hacia atrás, probablemente fue ese contrato de un año y la sensación de vacío que sentí en la entre-temporada mientras pensaba que nadie me quería. Quiero decir, diantre, si ya estaba pensando en ir a jugar a Japón. Un momento, todos están hablando de que voy camino al Salón de la Fama, los 10 Guantes de Oro seguidos, el premio MVP, y ahora a los 31 años no puedo encontrar un trabajo en las Grandes Ligas. Eso fue un golpe duro para el ego y lo seguí arrastrando hasta la temporada.

Es importante entender por qué yo como era. Josh era un muchacho bueno y probablemente no necesitaba que le gritara por un lanzamiento sí y otro también. A veces iba a calentarlo en el *bullpen* y empezaba a hacer cosas estúpidas. Y eso no me gustó. Le devolvía la pelota, pegándole un grito. Y el siguiente lanzamiento fue una bola bien alta. Y yo me le quedo mirando como quien dice, ¿De verdad pensaste que me ibas a hacer algo con eso? ¿Estás tratando enviarme algún mensaje? Ya veces me ponía de pie, volvía al *dugout* y dejaba que se buscara otro receptor para el calentamiento. ¿Saben qué? Las veces que me iba del calentamiento y lo dejaba allí, Josh terminaba teniendo un buen juego conmigo en el terreno.

Una de las razones por las que todo esto ocurrió en los Marlins esa temporada, una de las razones principales por las que tuvimos éxito fue porque les ayude a aprender a ser buenos lanzadores. Cuando llegué a los Marlins, eran un grupo de lanzadores y, no se equivoquen, tenían unos brazos increíbles. Pero con todo y eso eran tiradores de bolas, no lanzadores. Así que los obligué a ser lanzadores. Yo les decía, "Lanza la bola aquí mismo, lanza la bola por allá, lanza la bola justo aquí. Mueve el lanzamiento de lugar, ubicación, ubicación, ubicación. Sea un lanzador". Y si miramos el año anterior y lo comparamos con el 2003, la mayoría de ellos mejoró su promedio de carreras ganadas y WHIP (bases por bola y hits divididos entre el número de entradas lanzadas). Su ERA bajó más de una carrera, de 4.10 a 3.04. Y hay que darle mucho crédito por eso. Creo que yo ayudé un poco en esa parte. Creo que lo que necesitaban era un receptor veterano. Otra cosa que contribuyó fue que mi suplente esa temporada, Mike Redmond, también era un veterano, un profesional entre profesionales. La gerencia hizo un buen trabajo cuando le dio a ese personal tan joven los receptores que más necesitaba.

Haber empezado tan lentamente significó que por segunda temporada consecutiva no cualifiqué como All-Star. Tampoco gané un Guante de Oro, pero mis números acabaron siendo bastante sólidos. Bateé .297 y tuve el segundo porcentaje más alto en base de mi carrera con .369. Tuve 55 bases por bola, 16 cuadrangulares y 85 carreras impulsadas. También bateé 36 dobles, anoté 90 carreras, y robé 10 bases. Pero más importante todavía, jugué en 144 juegos, igualando el total de mi temporada de MVP cuatro años antes.

Entré a la postemporada sintiéndome bastante bien. Muchos de los jugadores estaban desbaratados ya para finales del año. Ese es el punto en que todos mis entrenamientos por las mañana hicieron la diferencia. En la cúspide de la apertura de la serie de juegos postemporada contra Barry Bonds y los Gigantes de

San Francisco, mi capitán se quitó el cigarro de su boca por el tiempo suficiente para decirle a los medios de comunicación, "Pudge, está de nuevo en modalidad de 'All-Star'. Está jugando tremendamente bien. Es el hombre que está a cargo, el líder del club de béisbol.

Y apenas estábamos empezando.

Cuando estuve con los Rangers, estoy bastante seguro de que nadie le echó la culpa a ningún jugador como responsable de haber perdido esas tres series postemporada ante los Yankees de Nueva York de 1996 a 1999. Nos enfrentamos al mejor equipo de la generación, nosotros pues, no éramos lo suficientemente buenos y tuvimos que quitarnos las gorras ante ellos. Ellos también ganaron las tres Series Mundiales. Mi actuación fue bastante buena en esos 10 juegos de postemporada, bateando .263 con tres RBIs y jugando una defensa sólida. Pero para ser uno de esos jugadores cuyos nietos le cuentan a su vez a sus nietos, bueno, para eso hay que dejar una marca en la serie postemporada.

Yo tenía la intención de aprovechar mi oportunidad más reciente. Todavía hoy, no puedo creer que hayamos ganado ese año, por los equipos contra los que jugamos. Estoy hablando de enfrentarnos a los Gigantes en la serie del mejor de cinco, cuando podían habernos eliminado porque tenían un monstruo de equipo, que había ganado 100 partidos durante la temporada regular. Tenían a Benito Santiago detrás del plato, a J.T. Snow en la primera base y por supuesto, a Bonds en el jardín central.

Teníamos informes bien extensos de los *scouts* sobre cada bateador y lanzador de los Gigantes excepto de uno, Bonds. Literalmente no teníamos un informe de los *scouts* sobre él. Apenas hablamos sobre él unos segundos antes de la serie y de cada juego. No había razón para hablar más. ¿Qué lanzamientos le íbamos a hacer a Bonds? Al igual que todos lo hicieron durante esos años. Le íbamos a dar base por bola. No es broma. No teníamos un informe de los *scouts*. Ha sido la única vez en mi carrera que ni siquiera nos molestamos en conseguir un informe de *scouts* sobre un bateador. Si alguien se tomó la molestia de redactar un informe, el que nunca vi, esto es lo que diría: "Si no tienes que lanzar para él, lo que significa que no hay bases llenas, en un juego empatado en la novena entrada, llévalo a primera base. Si tienes que lanzarle, recibe nuestro más profundo pésame. Y cuidado no te lastimes un músculo del cuello o cualquier otra cosa siguiendo a la bola".

Me estoy riendo en estos momentos pensando en lo que era lanzarle a él. Era un chiste. Si el *strike* estaba en su zona, la botaba del parque. Él dominaba la zona de *strike* como nadie nunca lo había hecho. Para el periodo de cinco años de 2000–04, el porcentaje de base de Barry fue de .535, y bateó 258 jonrones. Consiguió embazarse en casi el 54 por ciento de sus apariciones al plato durante media década. Eso no te dejan hacerlo en los videojuegos. De esas tres temporadas de 2002 a 2004 -a pesar de haber estado ausente en 66 juegos en ese periodo de tiempo, tuvo 578 bases por bola. Yo jugué 21 temporadas y me dieron base por bola 513 veces.

Si las bases estaban vacías, les prometo que si uno de mis lanzadores le lanzaba un *strike*, se había equivocado de lanzamiento. Le estábamos lanzando alrededor y la mayor parte de las veces, yo estaba simplemente de pie y apuntando mi brazo hacia fuera. Barry llegó al plato 18 veces en la serie de cuatro juegos y le dimos base por bola en ocho de esas veces, incluyendo seis intencionales. El terminó 2-por-9 con un tiro de sacrificio, un doble, y un sencillo en sus otras apariciones al bate. Considero que esto ya era el mayor triunfo que podíamos imaginarnos.

No íbamos a hacerle ningún lanzamiento que pudiera batear. Posiblemente le hayamos dado un lanzamiento cerca de la zona de *strike*, pero... no le hizo *swing*. Estaba muy concentrado y sólo estaba pendiente del lanzamiento que estaba buscando. Es por eso mismo que le dieron base por bola 148 veces esa temporada y 232 veces al año siguiente, porque sus ojos estaban tan afinados, a la espera de ese lanzamiento. Eso es lo más increíble para mí. Piénselo, puede ser que él vea el lanzamiento que está esperando una vez en una noche determinada y no va a fallar el batazo. La va a sacar fuera del estadio. Su carrera incluye más de 2,500 bases por bola en su carrera y terminó bateando 762 cuadrangulares. Es algo asombroso.

¿Qué si Barry ha sido el mejor bateador contra el que he jugado? Definitivamente uno de los mejores. Manny Ramírez también fue uno de los mejores, igual que lo fueron Vladimir Guerrero y Andrés Galarraga. Manny tenía manos rápidas. Manny era muy, muy bueno en el juego y siempre estaba a tiempo. Su pie delantero siempre pisaba a tiempo, cuando la pelota estaba todavía a una buena distancia del plato. Por eso era capaz de ver cada lanzamiento y batear. Ahora bien, si usted ha visto a Manny Ramírez en la práctica de bateo, sabría entonces estaba golpeando bolas fuera del estadio en la otra dirección. No había nada que ese hombre no pudiera hacer con un bate de béisbol.

En el primer juego Jason Schmidt superó a Josh en el duelo, con un juego de la vieja escuela, dominado por los lanzamientos y que perdimos por 2–0. El segundo juego fue en San Francisco y volvimos a un estadio alborotado, el Pro-Player para el tercer juego. Ese lugar se estremecía con unos 62,000 fanáticos.

Conecté un cuadrangular de dos carreras en la primera entrada y los Gigantes anotaron dos en la sexta, que era todo lo que había en el marcador hasta la undécima entrada, cuando San Francisco anotó la carrera de la ventaja con una base por bola, un error y un sencillo. Llevábamos más de cuatro horas de juego cuando llegué al plato en la segunda mitad de la undécima entrada con dos *outs* y las bases llenas. Era el sueño de cualquier niño que ha jugado béisbol alguna vez. El conteo estaba en 1–2 y Tim Worrell me lanzó una bola rápida de cola, un poco alta y un poco afuera. Era el tiro perfecto para usar todas las lecciones de mi antiguo entrenador de bateo Rudy Jaramillo y solamente dejarme ir con el lanzamiento, llevarlo hacia la derecha y eso mismo fue lo que hice. Disparé una recta entre primera y segunda base, los dos corredores anotaron y ganamos el juego 4–3. Recuerdo haber pasado por primera base mientras el tiro llegaba a *Home* y ver a Juan Pierre, uno de los hombres más rápidos del juego, deslizándose de cabeza para llegar antes que la bola y agitar el casco con la mano, a medida que mis compañeros corrían hacia mí para celebrar. Más tarde cuando los medios de comunicación le preguntaron a Pierre acerca del juego, les dijo, "Pudge cargó con nosotros, tan sencillo como eso".

Es una sensación mucho más mágica de lo que uno sueña que puede ser. El tiempo parece que se detiene por un momento, mientras la fanaticada grita y tus compañeros de juego se vuelven locos. Me gustaría que todos los que aman el juego pudieran experimentar esa sensación algún día. Ese fue sin duda el batazo mejor empuñado de mi carrera.

Sin embargo, no fue la jugada mejor empuñada de mi carrera. Esa vino al día siguiente.

En la segunda mitad de la octava entrada del Juego número 4, anoté la carrera del desempate con Derek Lee, segundos detrás de mí para una ventaja de 7–5. Nuestro lanzador de cierres, Ugueth Urbina, tuvo problemas en el noveno y la ventaja se redujo a una carrera. Los Gigantes tenían corredores en primera y segunda con dos *outs*. Jeffrey Hammonds conectó un sencillo, un bombito sin mucha fuerza al jardín izquierdo. El veterano Jeff Conine salió corriendo a la izquierda mientras tiraba a *Home* y Snow corrió por la línea, justo hacia mí. Mientras yo me movía al frente del plato. Recogí el rebote frente a mí un poco hacia la izquierda del plato. Snow todavía estaba a varios pasos de *Home* y de mí. Mientras me movía frente al plato y frente a él, rápidamente se hizo evidente que sólo había una forma en que esto podía acabar - con Snow, cuyo padre era un receptor de la NFL, dándolo todo para que yo soltara la bola que tenía en la mano. Chocamos y aunque él me tumbó al suelo, no logró que yo soltara la bola. Me caí hacia atrás y levanté la pelota hacia el cielo. Cuando el árbitro cantó enfáticamente *out*, Urbina saltó encima de mí y el lugar se convirtió en una fiesta. Han sido muchas las jugadas a lo largo de mi carrera, pero si pudiera revivir una, sería esa, lo que es mucho decir, porque J.T. me golpeó bastante duro.

En la derrota a los Gigantes, llegué al plato 20 veces y alcancé la base número nueve. También tuve una serie con los mejores seis RBIs y dos jugadas de cierre de partido.

Íbamos a la Serie de Campeonato de la Liga Nacional contra los Cachorros de Chicago, que estaban tratando de ganar su primer título de Liga desde 1945 y su primera Serie Mundial desde 1908. La Serie de Campeonato de la Liga Americana fue entre las Media Rojas de Boston y los Yankees, quizás la rivalidad más feroz en cualquier deporte, imagínense en béisbol. Este era el béisbol de octubre en su mejor momento. Ambas series también se extendieron a entradas extra.

Ganamos el primer juego en Wrigley 9–8 en 11 entradas. Conecté un cuadrangular de tres carreras ante Carlos Zambrano en la tercera entrada y terminé con cinco carreras impulsadas. Lowell bateó el jonrón de la victoria en la undécima entrada. Josh abrió pero no estaba en su mejor día y permitió cuatro carreras en la primera entrada, para un total de seis. Los Cachorros ganaron los siguientes tres juegos, sin embargo, cuando salimos al terreno para el Juego 5 en Miami, no creo que hubiese quien pensara que íbamos a ganar esa serie. Al menos no fuera de nuestro vestuario.

Teníamos a Josh en el montículo y lanzó un juego brillante, en el que permitió dos hits y sacó de *out* a once. Yo conecté otro cuadrangular y regresamos a Chicago.

JOSH BECKETT
LANZADOR DE LOS MARLINS
"Nos dieron cacao en el primer partido y nos tuvieron comiendo cacao los siguientes tres juegos. Aquello no se veía prometedor. En ese comienzo, Pudge y yo estábamos teniendo algunos problemas. Me estaba gritando porque no seguía sus señales y le dije que estaba usando diferentes señales a las que habíamos hablado. Le dije en la segunda entrada: "Estoy bien molesto contigo en este momento" y dijo: "Me alegro porque yo estoy furioso contigo". Quizás hubo otras palabras adicionales en ese intercambio. Tuvimos suerte de haber ganado ese juego o nos habrían barrido".

"En el Juego 5 me estaba gritando en el bullpen, recordándome que no dejara volar el tiro abierto durante mi entrega. Recuerdo que pensé que estaba tirando fuerte por ahí y él me devolvía la bola aún más fuerte sin levantar el brazo. Ahora miro hacia atrás y aprecio la forma en que su liderazgo salió a relucir una y otra vez esa serie postemporada completa. Esa era su meta. Pudge era el líder en camino hacia esa meta. Y mientras tanto también estaba lidiando con un montón de niños en nuestro equipo".

"Cuando Kerry Wood bateó el cuadrangular en el Juego 7, lo que siguió fue el escándalo de gritos más ruidoso que he escuchado en un parque en mi vida. Finalmente nos quedamos 5–3 y Pudge nos estaba gritando que jugáramos las nueve entradas y nos olvidáramos del cuadrangular. Nunca titubeó en su enfoque, ni siquiera en ese ambiente".

En la octava entrada del juego 6 en Chicago íbamos perdiendo 3–0, cuando llegó la jugada de Steve Bartman, que involucró a ese pobre aficionado que hizo lo que cualquiera de nosotros hubiera hecho y trató de atrapar la bola por encima de Moisés Alou. Es ridículo que se recuerde esa jugada. Quiero decir, anotamos ocho carreras en esa entrada y el mundo entero culpa a un contable que estaba escuchando el juego en la radio.

Los Cachorros tenían dos ases absolutos en Mark Prior y Kerry Wood, pero ambos se veían cansados a medida que se alargaban los juegos. Hubo muchas entradas para esos brazos jóvenes y perseguimos a Prior en la octava entrada para forzar un Juego 7. Nuestra joven estrella de bateo, Cabrera, lanzó un cuadrangular de tres carreras en la primera entrada y aunque Chicago nos contestó con cinco carreras, seguimos dándole duro. Josh vino desde el *bullpen* para lanzar cuatro entradas heroicas antes de que Urbina cerrara la victoria 9–6. Me nombraron MVP de la serie, liderando a todos los jugadores con 10 RBIs y tocando base 14 veces.

MIGUEL CABRERA
JARDINERO CENTRAL DE LOS MARLINS
"Cuando subí en junio, estaba claro desde mi primer minuto allí, que este era el equipo de Pudge. Mirábamos lo que él hacía y tratábamos de hacer lo que nos decía. Si hacíamos algo que estaba fuera de línea o no estaba de acuerdo con él, de seguro nos lo decía. Aprendí mucho de él ese año. Él hombre me tomó bajo su liderato y me enseñó la manera correcta de jugar, de cómo respetar el juego y a mis compañeros de equipo y a cómo comportarme. Pudge fue todo para mí esa temporada. Lo admiro tanto y fue un gran honor para mí jugar con él y obtener el éxito que logramos".

Los Yankees ganaron una emocionante serie de siete partidos y allí estaba yo de nuevo en el Yankee Stadium en la postemporada. Esta vez, sin embargo, estábamos donde nadie esperaba que estuviéramos, en el Clásico de Otoño. Yo solía ver la televisión en Puerto Rico con mi familia, cuando Johnny Bench jugó en la Serie Mundial y ahora me unía a mi héroe de la infancia al hacerlo yo también.

Después de una victoria por 3–2 en el Juego 1, en el que saqué a Nick Johnson de *out* cuando iba camino de anotar la carrera de la ventaja; perdimos dos juegos corridos por el mismo marcador de 6–1. El juego 4 en casa iba a ser clave para la serie de cualquier manera. No sabía si podíamos volver de otro déficit de 3–1 y no quería averiguarlo. El juego se extendió por más de cuatro horas antes de que Alex González conectara un cuadrangular para abrir la segunda mitad de la duodécima entrada. Ganamos otra vez la noche siguiente 6–4 y regresamos al Bronx; necesitábamos una victoria para ganar el título. No hay escenario más grande en el béisbol que Yankee Stadium.

Y Josh Beckett estaba en el montículo para el Juego 6.

No más de cuatro Yankees llegaron al plato en cualquiera de las nueve entradas. Josh estuvo magistral, lanzando una blanqueada de cinco entradas mientras ganábamos 2–0. Me eligieron MVP de la Serie Mundial y fuimos campeones de la Serie Mundial. No me importaba lo que el resto de mi vida pudiera traer, nadie podría robarme este momento. Éramos campeones de la Serie Mundial.

JOSH BECKETT
LANZADOR DE LOS MARLINS

"Ese día no hubo forma de sacarme a Pudge de encima. Ni una sola vez. Los tres lanzamientos estaban funcionando, incluyendo las bolas por la puerta de atrás a los bateadores derechos, las deslizadas por la puerta delantera a 97, 98 millas por hora. Mientras todos celebraban en el club, francamente, yo estaba cansado, agotado en realidad, y llevaba puesta esa horrible chaqueta que alguien me había dado. Me dirigí a la cocina, afuera del vestuario y Pudge entró detrás de mí con dos cervezas. Me dio una y me dijo: "¿Puedes creerlo?" Todavía tengo esa chaqueta sólo porque me recuerda ese momento".

"Nos vemos todos los años en Lake Tahoe para un torneo de golf y aquí y allá en otras ocasiones, pero nunca nos saludamos con un apretón de manos. Es un abrazo que no podría ser más sincero. Nos unimos ese año de una manera que es imposible de explicar. Todos estábamos hablando de la próxima temporada, de tratar de ganar de nuevo y un mes más tarde disolvieron el equipo. Eso fue increíble. Apenas nos dejaron compartir con Pudge sólo una temporada".

Después del último *out* del Juego 6, le dije: "Lo logramos. No sé si vamos a hacerlo de nuevo, pero lo logramos". Entró con tres días de descanso para ese partido. Cuando nos sentamos antes del juego a mirar los informes de los *scouts*, repasamos brevemente a todos los bateadores. Y básicamente lo que le dije fue: "Mira, disfruta de esto. Sólo tenemos 27 *outs* más para terminar y entonces nos vamos a casa a descansar. ¿Puedes hacer eso? "Me dijo, '…estoy listo para hacerlo". Y esa fue nuestra conversación.

Ese día Josh estuvo genial, mejor que tres días antes. Tiró con más fuerza todavía. Estaba lanzando de forma constante a una velocidad entre 98 y 99 millas por hora. Sus bolas rápidas no se iban por debajo, pero sus lanzamientos estaban llegando a dondequiera menos a mi guante, dentro de la esquina, en la esquina de afuera, una y otra vez. Nada por el centro. Y sus curvas eran perfectas. Los Yankees no tenían ninguna oportunidad.

Para mí, Josh fue el mejor lanzador *doble-up* que he visto o para quien he sido receptor. ¿Saben lo que significa "doble-up"? Digamos, por ejemplo, que el lanzador comienza con un tiro de bola rota. Pido un doble, lo que significa que pido de nuevo el mismo lanzamiento. Y las probabilidades de que el segundo lanzamiento va a ser un *strike* son bastante altas. En las cabezas de algunos bateadores, si empiezas con una bola rompedora, piensan que no vas a repetirla, porque la bola rápida es el lanzamiento sobre el cual el lanzador tiene el mayor control. Por lo tanto, los bateadores están pensando, *No me va a lanzar una bola rompedora de nuevo porque si es bola voy a estar por delante en la cuenta 2–0. Me va a lanzar una bola rápida y voy a estar listo para el mismo.* Y ese lanzamiento, ese *double-up*, a menudo puede ser el mejor amigo de un lanzador, porque el lanzador tiene que concentrarse más en esa bola que rompe la segunda vez. Hay un

Como novato ansioso durante mi debut en la temporada 1991 con los Rangers.
(AP Images)

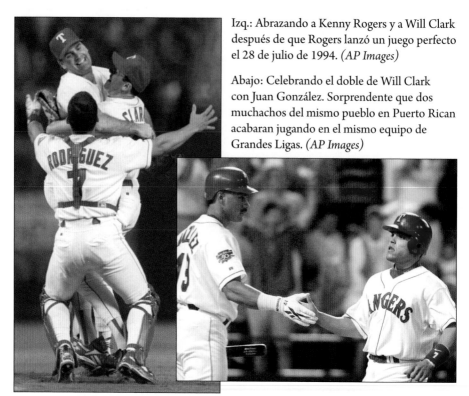

Izq.: Abrazando a Kenny Rogers y a Will Clark después de que Rogers lanzó un juego perfecto el 28 de julio de 1994. (*AP Images*)

Abajo: Celebrando el doble de Will Clark con Juan González. Sorprendente que dos muchachos del mismo pueblo en Puerto Rican acabaran jugando en el mismo equipo de Grandes Ligas. (*AP Images*)

Durante mi larga carrera, saqué de out al 46% de los que intentaron robar base y fui líder de la Liga en esa categoría en nueve ocasiones. (*AP Images*)

Al bate para un doble contra los Medias Blancas de Chicago en 1999. Como parte de mi temporada MVP, bate para .332 con 35 jonrones y 113 RBIs ese año. *(AP Images)*

Johnny Bench, mi ídolo y yo, los únicos dos receptores que han ganado al menos 10 Guantes de Oro. *(AP Images)*

Durante la temporada del 2000, en el mejor momento de mi carrera con .347. *(AP Images)*

El president de los Florida Marlins, David Samson (Izq.) y el gerente general Larry Beinfest (Derechat) anuncian la firma de Pudge con su equipo en 2003. (*AP Images*)

Celebrando con el trofeo de la Serie Mundial después de ayudar a los Marlins de Florida a derrotar a los Yankees de Nueva York en 2003. (*AP Images*)

Llevo en hombros a mi hija, Amanda, después de la derrota de los Yankees de Nueva York en el Juego 6 de la Serie Mundial. (*AP Images*)

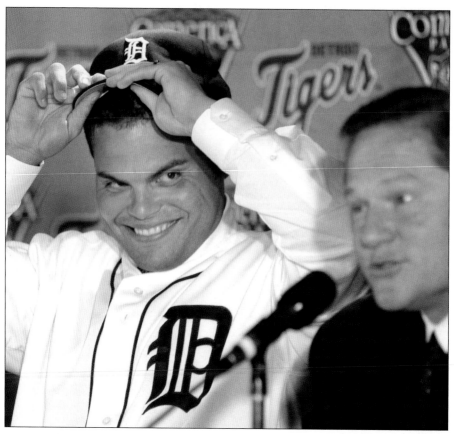

Sonriente después de firmar por cuatro años con los Tigres de Detroit en 2004. (*AP Images*)

(Izq.) Posando antes de mis cinco temporadas con los Tigres de Detroit. Disfrute mucho ayudar al equipo de la franquicia a cambiar su juego a su favor. (*AP Images*)

Arriba: Con mi hijo, Dereck, que ya es también jugador de béisbol profesional y con mi padre, José. (*Foto: Familia Rodríguez*)

Celebrando
después de anotar
la carrera ganadora
contra los Yankees
de Nueva York
en un juego en
junio de 2006.
Volveríamos a
enfrentarnos en el
ALDS ese año.
(*AP Images*)

El manejador de los
Tigres de Detroit
atento al juego
y yo espero para
batear en Juego 4,
de la Serie Mundial
2006. (*AP Images*)

Con mi familia durante la emotiva ceremonia de mi retiro del béisbol en 2012. *(AP Images)*

Nolan Ryan me felicita durante mi exaltación al Salón de la Fama de los Rangers en 2013. *(AP Images)*

90 por ciento de posibilidades de que el segundo lanzamiento, que es un doble, va a ser un *strike*.

Si empezaba con una pelota rompedora con Josh, se la pedía de nuevo y lo que lanzaría sería un *strike* cada vez. Él era muy bueno en eso. Si yo pedía una bola rápida en el primer lanzamiento y lo repetíamos, era perfecto. Me encantó ser su receptor en los juegos de postemporada. Nuestra relación evolucionó durante esos ocho meses, contando desde el entrenamiento de primavera. Es uno de mis compañeros de equipo favoritos, aunque pasamos juntos sólo aquel año. Josh es una gran razón por la que pude cumplir mi último sueño.

En la sede del club mientras yo estaba empapado en champán, un periodista me preguntó sobre el futuro. Sin vacilar le dije: "Nuestro club, mis compañeros de equipo, estamos muy unidos. Nadie sabe lo que va a pasar el próximo año, pero mi opinión personal es que este equipo va a permanecer junto durante muchos años. Si este equipo se mantiene unido como está, creo que podemos ser como los Yankees. Podemos ganar, probablemente, más o menos cada año".

Bueno, yo tenía razón cuando dije que no sabía lo que iba a suceder.

10

Mi nuevo hogar

ESE TIEMPO FUERA DE TEMPORADA PUDO SER GENIAL, Y EN algunas circunstancias lo fue. Nos fuimos de vacaciones en familia varias veces, fuimos a Italia, nos quedamos un tiempo en Venecia y me despertaba todas las mañanas pensando: Sí, soy campeón mundial. No hay nada más grande que eso. Solamente había un problema.

Estaba desempleado.

La apuesta que me hice yo mismo funcionó. Demostré así que mi habilidad para jugar béisbol se había desarrollado más que nunca y obviamente, que seguía saludable, duradero y buen líder. Durante ese tiempo había estaba pensando que quería un contrato a largo plazo. Después de la Serie Mundial volví a contactar con Scott Boras para que fuera mi agente. Él era mi agente cuando empecé esta carrera. A lo largo de estos años he mantenido buena relación con mis agentes, hombres como Jeff Moorad and Mike Fiore, pero para este contrato tan importante en mi vida, necesitaba a Scott.

Tenía 32 años y a muchos le parecía viejo., por lo menos para los estándares de un receptor. Pero yo me sentía súper bien y sentía que algunas de mis mejores temporadas todavía estaban por llegar. Ese periodo fuera de temporada se me hizo eterno, y eso que había jugado la postemporada casi completa.

Cuando empezó el proceso de los agentes libres en noviembre de 2003, yo no tenía preferencia por ningún equipo. Obviamente, me hubiera encantado quedarme en Florida, porque nos tocaba defender el título como campeones. También me hubiera gustado quedarme en casa un año más. Inclusive cuando estaba con los Rangers, siempre pasábamos tiempo fuera de temporada en Miami.

Los Marlins me ofrecieron un contrato de dos años por $10 millones. Querían que jugara solamente por dos años y por el mismo dinero del primer año. Eso me molesto. Para mí, eso fue como una bofetada en la cara. No me demostraba compromiso por parte de ellos. En verdad que me sonó como si me dijeran, "Oye, gracias por los recuerdos, que te vaya bien".

Y todos los jugadores estaban enojados, porque estábamos bien compenetrados. Queríamos quedarnos juntos y ver si podíamos tener un poquito de éxito. La fanaticada también estaba furiosa. La administración del equipo lo desmembró. No iban a gastarse el dinero. ¿Usted me quiere decir a mí que no se ganaron buenos chavos cuando ganaron la Serie Mundial el año antes? Claro que querían y pudieron haberle metido parte de ese dinero al equipo. En vez de hacer eso, intercambiaron a Derek Lee y no firmaron a ninguno de sus agentes libres. Desde ese año no han vuelto a estar en la serie postemporada.

Había un grupo de jugadores nuevos en el equipo al abrir la temporada, no los jugadores que ganaron la Serie Mundial y se merecían la oportunidad de defender el título. Imagínese cómo se sentía tener tantos jugadores nuevos cuando eres el equipo campeón a la hora de defender el título. Es lo mismo que hicieron en 1997, cuando Wayne Huizenga era el dueño. Eran un equipo bastante decente en 1999 cuando lo compró John Henry, que ahora es dueño de las Medias Rojas de Boston. Dave

Dombrowski era el gerente general. Los fanáticos de Miami adoran el béisbol y eso lo vi durante el poco tiempo que jugué allí. A veces no se sabe cuándo va a ser la última vez que vas a estar en un equipo. Así que, hay que estar preparado para todo. Y repito, para todo.

Como era agente libre, Scott y yo estábamos en contacto constantemente. Cuando se reunía con algún equipo, me decía qué había pasado en la reunión, qué habían hablado, qué tipo de arreglo les interesaba, si era a corto o a largo plazo, etc. Eso tiene que ser constante cuando eres agente libre. Nada se empieza a mover hasta que Scott empieza a hablar con los equipos. Generalmente, justo después de la temporada, los clubes de béisbol y los agentes no se hablan. Casi siempre pasa entre un mes y mes medio antes de que empiecen las reuniones de invierno en diciembre.

Yo podía darle algunos puntos de referencia, pero no decirle a Scott yo quiero jugar son este éste o aquél equipo. Eso es así, porque uno nunca sabe para quién va a acabar jugando. Por ejemplo, ¿Creen que se me pasó por la mente que iba a jugar con los Tigres de Detroit después de haber ganado la Serie Mundial con Florida el año antes? ¿Qué les parece? Yo que pensaba que me iba a quedar en Florida y terminé jugando con Detroit. Nunca se sabe.

A última hora llegaron las llamadas sorpresa. Y cuando firmé con Detroit había otros equipos interesados, pero no me estaban ofreciendo un contrato por varios años como yo quería. Muchos me querían contratar por uno o dos años con una opción. Y yo pensaba, Okey, sigan hablando, sigan hablando, hasta casi el final del entrenamiento de primavera, que fue cuando llamó el gerente general de los Tigres de Detroit, Dave Dombrowski, el antiguo gerente general de los Marlins, que se había ido con los Tigres unos años antes, llamó a Scott y le dijo, "Quiero que Pudge sea un Tigre".

Eso fue en febrero, que es bastante tarde para un agente libre.

Los otros equipos en la mezcla eran los Cachorros de Chicago, los Marineros de Seattle y los Orioles de Baltimore. De nuevo, ninguno me daba contrato por más de dos años.

Y no es como que yo pedía demasiado dinero. Los equipos con los que estábamos hablando estuvieron de acuerdo en que no estábamos pidiendo cifras exageradas. Estaban preocupados por mi espalda. Se había regado la voz en la liga, como pasa siempre, que los Marlins estaban preocupados por mi espalda debido al examen físico del año anterior. Yo la sentía muy bien. Pero claro, todos se acordaban de los dos meses que estuve fuera durante mi último año con los Rangers.

La oferta que estábamos esperando llego de la nada. También fue un poquito complicado y frustrante. Yo estaba en Puerto Rico cuando recibí la llamada. Scott me dijo, "Oye, te tengo buenas noticias. Llamaron de Detroit". "¿Qué cómo? Y me dijo, sí, sí, lo sé, lo sé. Pero creo que esta es tu mejor opción, porque estuve hablando con Dave y él quiere que tú desarrolles un buen equipo alrededor tuyo". Y cuando Scott me dijo eso, le contesté, "Válgame, okey. ¿Cuáles son los términos del contrato?" Y me dijo, "Cuatro años, $40 millones con opción para un quinto año".

A lo que yo contesté, "Okey, ¿Cuándo nos vamos?"

Volamos a Detroit y todos estaban de acuerdo con mi contrato. Estoy seguro de que Scott seguía negociando, porque eso es lo que se supone que haga, pero yo estaba feliz con esa oferta inicial. Solamente tenía que tomar el examen físico antes de firmar el contrato.

Suena sencillo, ¿verdad?

Los doctores de los Tigres no estaban muy contentos con mi espalda. No querían aprobar mi contrato. Decían "Si Pudge juega dos años será mucho. Quizás no juegue ni siquiera un año más". Miré a Dave y le dije, ¿Sabes qué Dave? Eso es lo mismo que escuché el año pasado". Y él quería que firmara de todas formas, así que se le añadieron cláusulas al contrato. Esperamos dos semanas en los que la unión de jugadores lo leía porque era un acuerdo único en el que estaba sacrificando dinero garantizado. Una vez más, estaba apostando a mí.

Yo sabía que estaba saludable. Sabía que podía jugar los cinco años, dependiendo de si se decidían darme la opción. Yo jugué ocho años más después de eso. Es más, los doctores pueden decir lo que quieran, pero lo que cuenta es cómo tú te sientas.

A las pocas horas de haber firmado el contrato las llamadas entraban por docena, estaban llamándome amistades, gente del béisbol, y de los medios de comunicación. Todos se hacían la misma pregunta: ¿Qué está haciendo Pudge? ¿Se volvió loco? ¿Quién gana la Serie Mundial y después firma con un equipo que ha perdido solamente 119 juegos? Esos 119 juegos son solamente uno menos que el récord contemporáneo de la expansión de los Mets de Nueva York de 1962. Los Tigres no habían terminado con un record de juegos ganados en diez años, allá para la época del gran dirigente Sparky Anderson. Así que no era nada malo que hicieran esa pregunta y yo entendía por qué la hacían. Mi respuesta era sencilla, simplemente que "El año pasado yo no estaba jugando en ese equipo que perdió 199 juegos y además, no tengo planes de perder una cantidad de juegos ni remotamente parecida esa con el equipo".

¿Saben otra cosa? Me encanta el reto. Tuvimos a varios equipos participando y haciendo ofertas, pero Dave, uno de los mejores en el juego, me prometió que íbamos a jugar en campeonato en unos años. Creo que sus palabras exactas fueron "Pudge, dame dos años y en la tercera temporada vamos a estar en la Serie Mundial. Contigo a bordo, muchos jugadores de los mejores van a querer jugar con los Tigres de Detroit".

Y bien que otros jugadores vinieron también. Fue algo así como en *Field of Dreams*. Si firmas a un jugador de béisbol loco, otros lo seguirán. Dombrowski habló con respecto a mi situación a la *Detroit Free Press* en enero de 2017 y dijo "Es una situación poco usual porque no pensamos en él inmediatamente. Hablamos mucho al respecto. En mi opinión ese fue un momento que definió la restructuración de los Tigres en esos momentos. Todo empezó cuando se nos unió Pudge. Porque con un jugador como Pudge Rodríguez, cuando él decidió jugar con los Tigres, algunas personas pensaron con mente más abierta, 'Oye, si Pudge va a venir a jugar, quizás nosotros deberíamos considerar hacer lo mismo'. Además, también tuvimos la oportunidad de ver a uno de los mejores jugadores de su generación jugando todos los días. Eso de por sí ya es algo especial y para nosotros más".

No les voy a mentir y creo que ya mencioné esto de pasada en un capítulo anterior, yo no soy fanático del clima frío. Yo soy de Puerto Rico y los primeros 13 años de mi carrera jugué en la Grandes Ligas en Texas y en Florida. Esos han sido los únicos tres sitios que he llamado mi hogar. Ahora me iba para Michigan, donde cae nieve. No me gusta cuando la temperatura está en los 50 grados, menos me va a gustar la nieve. Bueno, en verdad era solamente en abril que se ponía helado. Acabando la temporada salía de vuelta para Miami o Puerto Rico.

Curiosamente, Detroit es un lugar al que llegué a amar. Compré una casa en Bloomfield Hills y también hice amistades para toda la vida. Nunca salía, así que no puedo contarles de la vida nocturna. Igual que en mis paradas anteriores, durante la temporada estaba en el parque, en casa, en el carro o de viaje. Nada más. No iba a ningún otro lugar. Estaba concentrado en el béisbol y pasando con la familia el poco tiempo que tenía libre.

Detroit es una ciudad que le es increíblemente fiel al béisbol. La fanaticada adora a su equipo y lo apoya tanto como cualquier otra ciudad del juego. Y Comerica Park es fantástico. Es un sitio ideal para jugar béisbol y para ser espectador. Cada una de las últimas dos temporadas con los Tigres, reunimos a más de tres millones de fanáticos y las encuestas de TV seguían subiendo. En Detroit aman todos los deportes, pero especialmente el béisbol. De verdad que me gustaba mucho vivir allí.

Déjame ser honesto. La razón primordial por la que firmé con Detroit fue la oferta de contrato por cuatro años. Puede que los jugadores digan que no es cuestión de dinero y seguridad, pero eso es importante. Esa es nuestra motivación, igual que en cualquier otro trabajo. Si eres bombero y te ofrecen trabajo en tu pueblo y el pueblo de al lado te ofrece doble del salario, estoy bastante seguro de que todo el mundo va a escoger el dinero extra.

También merece la pena mencionar que gané $50 millones durante mis años con Detroit. Así que valió la pena correr el riesgo. Aparte de todo lo que añadieron al contrato para protegerse de mis supuestos problemas de espalda, cumplí con cada clausula y me gané cada peso. De hecho, podría decirse que esos fueron los cinco años en que más saludable he estado dentro de mi carrera, y eso que estaba ya en los treinta y pico.

Mi gerente Alan Trammell, un jugador fantástico de los Tigres por 20 años y que debería estar en el Salón de la Fama. Nos llevábamos más que bien. De verdad que no teníamos discrepancias. Él me dejaba hacer mi voluntad y había mucho respeto mutuo entre los dos. De hecho, durante los últimos seis años de su carrera jugamos como contrincantes.

La primera temporada de 2004 ganamos 29 juegos más que la temporada anterior y terminé entre los primeros 10 candidatos de la Liga Americana a MVP en la votación por cuarta vez en los últimos nueve años. Bateando .334 era cuarto en la liga y lo más alto en mi carrera, entre temporadas en las que tenía suficientes comparecencias al plato para cualificar para el cetro de bateo. También conecté 19 cuadrangulares, gané mi Guante de Oro número 11 (Mi primero en tres años), y fue el receptor abridor del Juego de Estrellas (Mi primero en tres años también).

Mas importante todavía, Magglio Ordoñez firmó con nosotros en la entre temporada. Uno de los mejores bateadores en la liga. Al nivel de Juan González como los mejores jugadores con los que jugué en términos de bateo.

Sin embargo, firmar a Magglio fueron las únicas noticias buenas de mi temporada baja. Era una pesadilla. Ya hablé un poco de esto en el primer capítulo, pero quiero que sepan por qué rebajé 30 libras ese invierno. Creo que si hubiera sido más extrovertido y honesto sobre eso, quizás las preguntas hubieran tenido contestación y la insensatez hubiera acabado ahí mismo.

Cuando se acabó la temporada de 2004, Maribel y yo nos separamos. Llevábamos juntos 18 años y de casados desde 1992. Esa es la razón por la que estaba tan flaco cuando empezó la siguiente temporada. Pesaba entre 190 y 195 libras. A veces mis fanáticos y otras personas no entienden que los atletas atraviesan por sus problemas fuera del terreno de juego, especialmente como los que yo pasé, porque fue un divorcio largo y traumático.

No fue nada fácil. Pero la parte buena era que yo dejaba los problemas fuera del parque de béisbol. Los dejaba en el carro o en casa. Cuando llegaba al parque estaba completamente enfocado en mi trabajo. Los asuntos externos nunca me molestaron. Créanme, esas fueron dos o tres de las mejores temporadas de mi carrera porque estaba bien concentrado en lo que tenía que hacer en el terreno. Entonces, cuando salía el parque era como que, "Okey, voy a volver a ser una persona normal, que está pasando por una situación difícil".

Esa entre temporada fue bien dura, porque dejaba mi casa y a mis tres hijos, que estaban muy apegados a mí. Cuando estaba en la casa, veíamos juntos películas o nos íbamos en el bote a pasear por Florida. Y ya no iba a poder hacer más eso. Me tuve que forzar a mí mismo a irme de la casa y conseguir un apartamento. Iba a estar solo, pensando en las muchas cosas en que se piensa cuando estas solo. No me gustaba estar solo, pero me obligué a mí mismo a hacerlo. Eso es parte de la vida y créanme que aprendí mucho de eso. A veces tienes que pasar por cosas en la vida que son muy duras, pero aprendes de ellas.

Me obligaba a enfocarme en entrenar y mi entrenador y yo empezamos a entrenar fuerte y a correr bicicleta por las mañanas. Llegué al punto de que corría 150 millas cuatro veces en semana. En un momento dado iba de Key Biscayne todo el camino hasta Key Largo dos veces en semana. Llegaba hasta allá, me bajaba de la bicicleta y regresaba. Eso les deja ver lo concentrado que estaba y cómo podía poner todo a un lado y simplemente correr bicicleta. Era dale, dale, dale. Mi entrenador, Edgar Díaz, me dijo que lo estaba haciendo bien. Edgar quería que hiciera nuestro entrenamiento de corree y alzar pesas. Yo no quería hacer nada de eso. Quería correr mi bicicleta y que me dejaran quieto. Claro que me encanta correr bicicleta, pero ahora las corro como la gente normal, no como si estuviera entrenando para el *Tour de France*.

Volviendo a esa situación, me sentía decepcionado cuando regresé al entrenamiento de 2005. Vieron que estaba flaco y de ahí arrancaron todos los rumores. La mayoría de los periodistas presumieron cosas, y nunca hablaron conmigo. Nunca me he negado a contestar una pregunta de un periodista. Entiendo que eran parte del juego y yo respetaba el trabajo que ellos hacían.

Además, yo no quería que la gente supiera lo que estaba pasando, que esa era la razón por la que yo no hablaba mucho del tema. Siempre he sido un tipo reservado, especialmente con mi familia. Pero yo tenía la respuesta de por qué estaba tan flaco y estaba esperando al momento para contarlo. No quisiera que nadie pasara por eso. En una ocasión me entrevistó para la televisión en español una reportera y la hice llorar cuando le empecé a contar sobre eso. De todas formas, eso es parte de la vida. Maribel y yo estamos bien los dos. Ambos volvimos a casarnos y le deseo mucha felicidad.

Esa temporada de 2005 fue decepcionante. Tuvimos algunas lesiones y no hubo mucho progreso comparado con el año anterior. Yo no tuve mi mejor temporada y despidieron a Alan. Me sentí fatal sobre eso, pero estaba bien emocionado sobre a quién habían contratado los Tigres para remplazarlo, porque por lo que había escuchado acabábamos de contratar a uno de los mejores dirigentes en el juego.

Y era eso y mucho más.

Jim Leyland era el dirigente al que más he respetado durante mi carrera. Todo por la forma en que se portaba conmigo, por cómo dirigía y por la forma en que amaba al equipo que estaba dirigiendo. Jim era un dirigente muy intenso, un dirigente brillante en el juego, que se preocupaba y apoyaba a sus jugadores una y otra vez. Para mí no había mejor dirigente que Jim a la hora de defender a sus jugadores. Si por ejemplo, alguien en los medios de comunicación hacia un comentario sobre un jugador y Jim consideraba que no le gustaba o pensaba que era injusto, se molestaba y empezaba a discutir con el que fuera que lo dijo o lo escribió. Jim bateaba por sus jugadores y eso no se olvida fácilmente. Nos hacía falta alguien como él para que nos despertara y nos pusiera a jugar béisbol. Él nos decía la verdad. Era una persona increíblemente sincera. Te decía las cosas te gustaran o no. Y por eso me caía tan bien.

En lo más íntimo de su ser, Jim es una persona gentil, sensible y si sentía algo lo demostraba. Te decía lo que pensaba que era mejor para ti. Tuvimos muchas conversaciones intensas sobre béisbol en la oficina, en el terreno de juego, o en la práctica de bateo. Teníamos una relación fantástica y hablé mucho con él durante nuestros tiempos juntos.

La temporada de 2006 se hizo sentir diferente desde el principio. Quizás haya sido porque llegó Jim. Nos sentíamos listos para competir en la serie postemporada desde que empezó el entrenamiento de primavera. Magglio estaba saludable, yo me sentía bien, el departamento de lanzadores mejoró drásticamente con el novato Justin Verlander mi viejo amigo Kenny Rogers se unió a nosotros. El hombre con 41 años seguía lanzando la mejor bola de su carrera. Ganó 17 juegos para nosotros, registró una ERA soolida de 3.84 y más importante que nada, le dio al equipo más de 200 entradas de calidad.

Verlander haciendo lanzamientos que echaban humo desde que empezó. Esos lanzamientos y no uso esta palabra con frecuencia, eran eléctricos. Para empezar, estaba lanzando a 100 millas por hora y aparte de eso, sus lanzamientos también tenían movimiento. Era un movimiento natural. Si se mantenía saludable podía ganar un Cy Young y lo hizo en 2011. En verdad que podía tener ya tres o cuatro porque ha llegado segundo dos veces y tercero en otra ocasión.

JUSTIN VERLANDER
LANZADOR DE LOS TIGRES

"Recuerdo la primera vez que fue mi receptor en mi primer campamento como novato. Se había quedado por el lado observando nuestra sesión de lanzamientos y yo lo estaba mirando con el rabo del ojo. 'Anda pal' cara' ese es Pudge. Finalmente, le hizo señas al receptor y dijo que quería recibir algunos de mis lanzamientos. Y allí estaba yo, en el bullpen lanzando con toda mi fuerza, tratando de impresionar a Pudge. Recibe varios lanzamientos y dice, 'Está bien. Ya lo tengo. Buen trabajo'. Eso fue bastante especial".

"Era un compañero de equipo buenísimo, pero también era muy verbal. Una de las mejores cosas que tenía, era que no le daba miedo decirle a los muchachos si estaban haciendo algo mal, que pienso que es un atributo necesario, especialmente con un bonche de jugadores jóvenes en el club que teníamos. La llegada de Pudge en 2004 tuvo un gran efecto sobre muchos de los jugadores. Como el hombre detrás del plato, ¿Qué puedo decir del artillero? Confiábamos en él. Llevaba muchos años por aquí y es uno de los mejores jugadores de todos los tiempos. Me sentía bastante cómodo como novato teniéndolo a él detrás del plato".

Realmente la clave de la temporada fue el personal de lanzamientos. Jeremy Bonderman sacó de *out* a más de 200 bateadores y Nate Robertson tuvo un año muy bueno. El *bullpen* estaba bien dotado también. Todd Jones tenía 37 salvados y Joel Zumaya el chico del *set-up* en realidad no sé cómo describir lo que él estaba haciendo. Yo pensaba que Nolan Ryan lanzaba bolas rápidas, pero este Zumaya lanzaba a 106 con un deslizamiento malvado. Ningún lanzador me ha lanzado tan rápido como él. De sólo pensar en eso me duele la mano.

Empezamos la temporada ganando cinco juegos corridos y de ahí en adelante no paramos. El 5 de abril contra Kansas City, jugué 5 por 5, la única vez en mi carrera que lo hago. Bateé tres dobles y un cuadrangular para ganarle a los Reales 14–3.

Un año de mucha diversión, otra de mis temporadas favoritas. Registramos 95–67, no muy mal para un comodín. A los 34 años, me nombraron abridor por el equipo del Juego de Estrellas, gané mi Guante de Oro número 12, batee para .300 por décima y última vez, y por primera vez jugué una posición que no era la de receptor. Empecé siete partidos jugando la primera base y dos entradas en segunda base ese agosto contra las Medias Rojas de Boston. Hasta cogí un bombito.

Tuvimos oportunidad de ganar la división el último día de la temporada, pero perdimos en entradas extra, dándole el título a los Gemelos de Minnesota. Toqué base las seis veces que llegué al plato ese juego 10–2, 12 entradas perdidas ante Kansas City, con tres hits y tres bases por bola. ¿Ven que de vez en cuando me caminaban?

Aunque nos bajó la moral haber perdido, nos habíamos asegurado un puesto en la postemporada. ¿Y a que no adivinan contra qué equipo teníamos que disputar por la división? Sí, contra los Yankees de Nueva York. De nuevo. Mi quinto y último viaje a la serie postemporada de mi carrera y todas y cada una contra Nueva York.

Perdimos el primer juego en Yankee Stadium 8–4 pero empatamos la serie 4–3 en el segundo juego. De vuelta en Detroit Kenny lanzó una joya de juego, permitió solamente cinco hits y sacando de *out* a ocho en siete entradas y dos tercios sin carreras. Dentro de un mes Kenny cumplía 42. Le ganamos a Randy Johnson y a los Yankees 6–0 y estábamos dos juegos a uno. Randy tenía 43 en esos momentos y esa debe haber sido una de las series de postemporada de lanzamientos de encuentro en la historia del béisbol. Randy estaba en su mejor momento. Era tremendamente bueno. Con 6'10"y esos brazos tan largos, esa bola te llegaba bien rápido.

Les cuento que la sesión de Kenny antes del juego en el *bullpen* ha sido quizás el peor lanzamiento en *bullpen* que he visto. No estoy exagerando. No lanzó ni un solo strike. Fue un desastre. Pensé que le pasaba algo malo. Estaba esperando un programa de horror y no estaba seguro si Kenny iba a sobrevivir a la primera entrada. Así es el béisbol, nunca se sabe.

La serie cerró en 4 juegos cuando ganamos 8–3. Tuve dos RBIs y Magglio puso el tono al partido con un cuadrangular empezando el juego. Y la gente pensaba que yo estaba loco cuando firmé con los Tigres. Aquí estábamos, a punto de jugar contra los Atléticos de Oakland por la Corona de la Liga Americana.

En ocasiones, aunque no con frecuencia en la postemporada, un equipo se gana la oportunidad aquí y allá, y lo que se suponía que fuera una serie bien competitiva, resultó ser algo diferente. Ese era nuestro caso. Placido Polanco bateó .529 promedio de la barrida en cuatro juegos para honores como MVP, y Kenny en su postemporada para la historia. Kenny tuvo otra apertura de juego sin carreras en el tercer juego y lanzó siete entras y un tercio con dos hits.

Por segunda vez en mi vida iba de camino a la Serie Mundial. Y éramos los favoritos para ganar, ya que nuestro oponente, los Cardenales de San Luis, que habían ganado 83 juegos en la temporada regular, aunque eso había sido suficiente para ganar la división. Uno de los triunfos escasos en que gana un equipo por un juego más que en la historia del béisbol para un equipo que llega a la serie postemporada. Aun así, se pusieron las pilas cuando más las necesitaban.

Jugamos los primeros dos juegos en Detroit y Kenny lanzó de nuevo magistralmente. Esta vez lanzó ocho entradas sin carreras, que se traduce en 23 juegos lanzados sin permitir carreras y lanzó 23 sin resultados oficiales.

KENNY ROGERS
LANZADOR DE LOS TIGRES

"Estaba encantado de volver a jugar con Pudge en Detroit. Nuestra amistad siguió adelante como si no hubiéramos dejado de vernos. Es decir, yo estaba lanzando bastante bien, aunque me estaba haciendo más viejo, pero seguíamos sincronizados y disfrutando el juego. Era muy tranquilizante saber que tenía allí al hombre que había sido mi receptor por años y años, y que entendía de lo que era capaz y conocía mi estilo de juego".

"Creo que esa postemporada teníamos tres tipos de juego. Hasta traté de cambiar mi forma de operar. Él también había crecido conmigo. Cuando yo era más joven lanzaba muy fuerte y no sabía cómo lanzar. A medida que fui evolucionando como lanzador él estaba allí y lo veía, algo que era positivo. Eso hacía que todo fuera diferente para mí".

"Yo conozco el juego de los Yankees y cambié por entero mi forma de operar. Era lo más duro que podía lanzar. Tenía otros tipos de lanzamiento, pero cada bola rápida necesitaba 100 porciento de esfuerzo. Y era tal y como era cuando yo era más joven. En ese tiempo yo no tenía 100% de control, pero lanzaba con 100% de esfuerzo. En ese juego mantuve el control. Pero ese era el estilo de juego, porque me habían estado pegando hits [temprano en la temporada] y Pudge me entendió. Pudge orquestó un juego brillante".

"En el próximo juego contra Oakland, tenía que volver a hacer lo de siempre y nuevamente Pudge era quien me pedía los lanzamientos. No creo haberle cambiado el lanzamiento ni una vez. Eran tres juegos diferentes, pero estábamos sincronizados en todos ellos todo el tiempo. Me hubiera gustado tener un principio distinto del juego. Creo que nos nos hubiera ido bien".

"Tener a Pudge detrás del plato, me daba una confianza total como lanzador. Él es un receptor en un nivel diferente al resto de los receptores, por lo menos que yo haya visto. Él es el mejor".

Los tres juegos en San Luis resultaron ser una pesadilla. Perdimos los tres por las respectivas anotaciones 5–0, 5–4 y 4–2. Si por lo menos hubiéramos podido ganar un juego, Kenny iba a ser el lanzador en el juego 6 en Detroit. Y entonces si hubiera seguido así, todo podía suceder en el juego 7. Pero no estaba escrito que fuera así. No hay nada que yo pueda añadir sobre esos juegos. Ese año debíamos haber ganado y todavía me acuerdo y me da coraje. Ganar una Serie Mundial fue algo increíble, una experiencia que te cambia la vida, así que ganar la segunda sería algo muy especial.

Recuerdo haber pensado en el lado positivo y era que todavía éramos jóvenes (bueno, excepto Kenny y yo) y que definitivamente podíamos volver a estar ahí la próxima temporada. Pero son muchas las cosas que tienen que salir bien para que eso suceda.

Los árbitros y la ciudad del "Empire State"

TODOS SABEN QUE EL BÉISBOL ES MI PASIÓN Y ASÍ LO HE JUGADO siempre, con intensidad. Metía las emociones en la manga, como dicen. Cuando me subía la adrenalina se me notaba porque levantaba el brazo con el puño cerrado gritando de alegría. Si algo me tenía de mal humor, también procuraba guardármelo para mí. El temperamento es algo que me ha ayudado mucho en mi carrera y esa intensidad tan espontánea me ha definido como ser. Todavía hay alguno que otro momento en el que me gustaría controlar esa intensidad un poco mejor. Digamos que después de llevar más de 30 años jugando béisbol, ya es hora de que aprenda a aceptar cuando me sacan de *out*. Todos sabemos que los bateadores de mayor éxito fallan siete de 10 turnos. Piensen en eso. No hay otro trabajo conocido en el mundo en que usted pueda fallar tanta veces y que le consideren un éxito. Si un jugador de baloncesto falla en siete de diez tiros, está despedido. Igualmente si eres el quarterback lanzando pases.

Sin embargo, no podía manejar esa emoción. De las 6.748 veces que fui al plato y no di un hit, ni base por bola, toque bola, una jugada de sacrificio, o un bombito al lanzador y eso me ponía de mal humor. A nivel de maldecir y todo cada vez que me pasaba algo así, como probablemente también hice en algunas de las 58 oportunidades en que me llevé un bolazo del lanzador. Esos duelen, pero yo nunca se los demostraba.

Desde mi punto de vista, si te cantan un *out* al bate y no te da coraje, es que no te importa. A mí eso me robaba la alegría. Si los cascos de bateo pudieran hablar, la de historias que contarían. . Trataba siempre de desahogar mi rabia en un área de almacén que hay detrás del *dugout*.

En 2007, durante mi cuarta temporada con Detroit, los hombres vestidos de azul me expulsaron de dos partidos. En las primeras diez temporadas me expulsaron solamente una vez. Eso es un récord bastante bueno considerando que jugué en 1,300 partidos. Durante la segunda mitad de mi carrera me botaron 15 veces. No estoy muy seguro de cómo debo interpretar eso excepto que según he ido madurando y convirtiéndome en líder de equipo, he sentido más la responsabilidad y entiendo que eso es parte de ser líder, porque su responsabilidad es defender a sus equipos y defenderse ellos mismos. En algunos de esos momentos sentía frustración por nuestro equipo y eso que yo siempre los defendí a todos. En otras perdí la cabeza por un par de lanzamientos bastante peligrosos para mí y desahogaba mi frustración en el terreno de juego. Es de sabios cometer errores. Y yo, con la pasión que siento por el beisbol quería ganar todos los días, Por eso a veces, cuando lograba que el juego nos saliera bien, me enojaba, porque me ponía a pensar *yo sé que puedo jugar mucho mejor que eso.*

Nunca tuve resentimiento contra alguno de los árbitros. Hay un vínculo especial entre el receptor y el árbitro del plato de Home y yo me lo tomaba muy en serio. Empecé a tener conversaciones con los árbitros cuando llegué al béisbol profesional, especialmente en los entrenamientos de primavera, cuando me enviaron a Doble A en Tulsa en el año 1991. Ya estaba en el campamento de Grandes Ligas y quería darme a conocer un poco entre ellos, ya que estando entre los diez prospectos en la lista de la organización, era cuestión de tiempo que me llamaran a las Grandes Ligas. En los juegos me aseguraba de saludarlos y presentarme a los árbitros sólo para comenzar a relacionarnos. Cuando estaba en Doble A hacía lo mismo, porque esos árbitros también son prospectos y en algún momento iban a llegar a las Grandes Ligas, igual que muchos de los jugadores que estábamos allí. Se me hizo una costumbre y seguí haciéndolo después de que me llamaron. Siempre me comunicaba con los árbitros, preguntándoles por los lanzamientos cerrados y asegurándome de hablarles siempre correctamente.

En los videos de los momentos culminantes de mi carrera, si se fijan a veces me inclino un poco hacia la derecha. Eso era porque estaba hablando con el árbitro, preguntándole algo. Así me comunicaba con ellos, en voz bajita, que ni el bateador escuchaba lo que hablábamos y siempre sin mirarle a los ojos, porque eso se considera una falta de respeto. Hablábamos del lanzamiento, o yo le comentaba qué lanzamiento iba a pedir a continuación, para que tuviera mejor ángulo para verlo. Especialmente en la parte de adentro del plato y no importa si el lanzador era zurdo o derecho me aseguraba de que el árbitro. Otras veces tocaba ligeramente los protectores de sus piernas para dejarle saber que yo iba para un lado y que pudiera moverse para verme mejor.

Nadie me enseño eso. Es de las cosas que aprendí por mi cuenta.

Creo que tuve buena relación con la mayoría de los árbitros. A lo largo de los años tuve algún encontronazo, pero todo eso es parte del juego. Creo que si le preguntan a los árbitros de *Home* del pasado o inclusive a algunos de los de hoy, le dirán que como receptor he sido de los mejores con los que han trabajado, porque yo siempre me mantenía tan callado y calmado como fuera posible y apenas me movía, para que ellos tuvieran la mejor visibilidad posible. Por ejemplo, si eres el árbitro de *Home* y yo estoy al frente tuyo, te voy a decir que voy a pedir una bola rápida pero va a ser una bola rápida bajita, así que prepárese. Acomódese bien para que vea esa bola baja. ¿A qué árbitro no le gustaría eso? Le facilita el trabajo porque puede anticipar cuál va a ser el lanzamiento, que le va a hacer lucir mejor como árbitro. Esa ha sido una práctica mía a los largo de mi carrera.

• • •

No había manera de saberlo en ese momento, pero la campaña de 2007 fue el principio del final. Ese fue mi último año en el Juego de Estrellas y mi último Guante de Oro, el número trece, a los 35 años de edad. Como atleta podía ser obstinado y estar concentrado en el momento. Nunca me detuve a pensar en que mis destrezas ya no eran las de antes. Siempre vivía en el presente, pensando en el próximo lanzamiento que iba a pedir, en el próximo turno al bate, en el próximo juego o en la próxima sesión de ejercicios.

Estábamos 88–74, un poco más y no logramos un puesto en la postemporada. Magglio se volvió una máquina y tuvo la que debe haber sido la mejor temporada de bateo que haya visto con mis propios ojos y he visto unas cuantas. Bateó para .363 con 139 RBIs. Intercambiamos por Gary Sheffield en la temporada baja y logro hacer lo suyo, conectando 25 cuadrangulares a los 38 años.

Sheff es uno de esos tipos como Will Clark y seguimos siendo amigos. Por lo general me llevaba bien con los muchachos así que no me intimidaba hablar con ellos. En los dos años que jugamos juntos, Gary siempre fue un compañero de equipo de los que te dicen cuando algo les gusta y también cuando no les gustaba, pero nos sentábamos y hablábamos. Puede ser que en algún momento no le haya gustado un cambio de lanzamiento o no estuviera de acuerdo con alguna cosa.

Algunos de sus comentarios podían ser hirientes o fuertes para los demás, pero también había que entender al hombre. No era nada personal. Gary podía gritarte un día y ser tu mejor amigo al día siguiente. Como bateador Gary era intenso y poderoso como pocos Creo que nos hubiera gustado haber podido jugar juntos por más tiempo, especialmente años antes en nuestras carreras. Si alguna vez tuvimos nuestras diferencias, llegado el final del día nos dábamos la mano como amigos.

La temporada de 2007 tuvo su momento más glorioso cuando Justin Verlander lanzó un juego perfecto contra los Cerveceros de Milwaukee en el Comerica Park. No nos tomó por sorpresa. Muchas de las noches no había quién le conectara un *hit*, aunque de vez en cuando los equipos contrarios tenían suerte y lo lograban. Esa noche Justin lanzó entre 99 y 100 millas por hora, pero para lanzar un juego perfecto tienes que colocar la bola en diferentes sitios del plato, para que el bateador no se concentre en un solo punto. Ese fue el juego contra los Cerveceros, lanzamientos por las esquina y hacia arriba, el próximo hacia adentro y le colocaba la bola en puntos distintos cada vez. Justin también le ponía la bola rápida dentro y fuera y arriba y dentro. Le dábamos de todo al bateador. No era muy dado a lanzar demasiadas bolas rápidas; en su mayoría eran cambios de posición y bolas que parecían strikes.

JUSTIN VERLANDER
LANZADOR DE LOS TIGRES.
"No hablamos mucho durante ese juego perfecto, pero estábamos muy sincronizados. Creo que en la mayor

parte de los juegos usted verá que el lanzador y el receptor llevan un buen ritmo y en este juego siguió siendo así. De lo que más me acuerdo fue al acabarse el juego, cuando salió corriendo del plato, porque había sido un bombo y yo estaba mirando hacia el jardín derecho. Tan pronto Magglio capturó la bola, me di la vuelta para mirar hacia Home y tenía a Pudge frente a mí, dando brincos y dándome un gran abrazo. Me hizo sentir algo muy especial, porque el orgullo de que un jugador de tanta experiencia se sintiera así, siendo yo tan joven. Que un futuro receptor del Salón de la Fama se pusiera así de contento, me hizo sentir todavía más feliz".

"Ya era tradición que después de un juego perfecto que el lanzador le hiciera un regalo a su receptor. Y allí estaba yo, en mi segundo años en la Liga y Pudge con una carrera de tanto tiempo. Me rompí la cabeza pensando qué podía regalarle. No se me ocurría nada. Muchos de los lanzadores le regalaban a los receptores un buen reloj, pero pensé que probablemente Pudge tenía todos los relojes que le gustaban y además yo no tenía tantísimo dinero que digamos".

Se me ocurrió mandar a hacer una ampliación de la foto en el momento en que nos abrazamos después del juego perfecto y la mandé a enmarcar para enviársela con una nota de agradecimiento por su excelente trabajo. Pensé que era un regalo especial porque sin él no lo hubiera podido lograr. Aun siendo él un receptor, siempre fue una gran inspiración para mí. En aquellos tiempos en que el receptor venía a visitarme al montículo, yo pensaba, "¿En serio?" Y sin embargo ahora mirando atrás, entiendo perfectamente lo que él estaba haciendo y puedo apreciarlo mejor."

Como le dije a los medios de comunicación después del juego, "Cuando se es receptor en un juego perfecto, eso equivale a un 6 para 6. No me importaba lo que hubiera hecho en mis cuatro turnos al bate ese día. Yo estaba allí para dirigir un buen juego desde detrás del plato. Esa es una de las cosas que me produce orgullo y es también la parte bella de este juego. Nunca se sabe cómo van a suceder las cosas y cuando suceden hay que disfrutarlas".

Hubo otro punto destacado durante esa temporada y es que me convertí en el primer receptor en alcanzar los 500 dobles en carreras, el día 5 de septiembre en un juego frente a los Medias Blancas de Chicago. Al terminar la temporada tenia promedio de bateo para .281 con 11 cuadrangulares, mi número más bajo desde 1993.

Unos días después de que se acabara la temporada me llamó Dave Dombrowski para decirme que el equipo iba a dar la opción sobre mi contrato, por un valor de $13 millones. Podían haber comprado el último año por $3 millones y obviamente yo estaba encantado de que decidieran no hacerlo. Y no me refiero solamente a la parte económica, es que me encantaba jugar para Jim Leyland y estábamos cómodos en Detroit. El dueño del equipo, Mike Ilitch y yo teníamos buena amistad y en una ocasión le dijo a los medios "Pudge hizo algo muy grande por nosotros, le puso cara a la franquicia. Han sido muchas sus contribuciones".

No se imaginan cuánto significaron para mí esas palabras. Mike ha sido uno de los dueños de equipo favoritos para los que he jugado y me dio mucha pena enterarme cuando falleció a principios de febrero de 2017. Tenía la esperanza de poder compartir con él mi entrada al Salón de la Fama. Esos casi 5 años que jugué en Detroit marcaron un capítulo importante en mi carrera, especialmente cuando ningún otro equipo se había arriesgado a darme un contrato a largo plazo.

Sí, casi cinco años, se quedaron cortos por 2 meses. Estábamos a pocos días de la fecha límite, el 31 de julio de 2008 y no estábamos teniendo la temporada que muchos hubiéramos querido tener. Estábamos a pocos juegos por encima de .500. Durante la temporada baja habíamos intercambiado a mi ex compañero de equipo, Miggy Cabrera, con los Marlins y quedaron favoritos para ganar la división. Simplemente no se dio.

Estaba bateando bien, casi para .300 y prácticamente todos mis números de ofensiva habían mejorado desde la temporada anterior. Jim me llamó a su oficina y me dijo que el equipo le iba a dar más tiempo de juego a Brandon Inge, cuyo contrato habían ampliado algunos años durante la temporada baja. Eso quería decir que yo no iba a jugar todos los días. Brandon era más joven y ganaba mucho dinero con un contrato por varios años y estaba decepcionado por no haber sido un jugador de apertura cada día. También dijo que no quería ser receptor, que quería jugar tercera base, pero teníamos a Carlos Guillen en tercera base en esos momentos. Miggy también podía jugar allí.

Mi contrato tenía una cláusula de no intercambio, pero mi meta en primer lugar era jugar todos los días. No tenía idea si lo del intercambio hacia sido posible o si habían estado hablando con alguien. Hablé con Dave y le mencioné que los Yankees de Nueva York necesitaban un receptor, porque no podían contar con Jorge Posada por el resto de la temporada debido a una lesión. Ya ven, ver ESPN todas las noches me ha servido de mucho.

La última semana de julio jugamos en Cleveland. Dave y Jim me llamaron tan pronto llegamos al parque. Me sorprendió bastante que me hubieran intercambiado por Kyle Farnsworth. Aparte de que nunca me habían intercambiado antes, así que estaba viviendo sensaciones nuevas. Ellos me dijeron, "Mira, necesitamos hablar contigo. Te hemos incluido en un posible intercambio con los Yankees de Nueva York, porque Jorge Posada se lesionó y ellos te quieren allí, de veras que te quieren allí".

Yo estaba teniendo un gran año y los Yankees estaban en cuarto lugar, a cuatro juegos de la primera posición. A raíz de eso empecé a pensar en irme a Nueva York, mientras pensaba, pero es que Detroit me encanta, me encanta estar aquí y no tengo cláusula de intercambio. Hablé con ellos y les pedí más tiempo para pensarlo. Llamé a mi agente, Scott Boras y me dijo, "Mira, vete con los Yankees, porque sea como sea, los Tigres quieren darle una oportunidad a Brandon Inge para que juegue más. Si te quedas con ellos, los van a poner a jugar a los dos, a ti y a Brandon, y yo prefiero que sigas jugando todos los días".

Al día siguiente le dije a los Tigres, "Okey, me voy".

Me resultó difícil decirle adiós a los compañeros y decirle adiós a Jim todavía más. Los dos somos muy sensibles. Me dio un abrazo en su oficina y creo que los dos estábamos luchando para que no se nos salieran las lágrimas. Me gustaba tanto poder jugar para él. Me dio una palmada en la espalda y mientras me deseaba la mejor de las suertes yo salí camino a Nueva York. Había llegado el momento de mirar al futuro, porque había llegado el momento de ponerse el uniforme a rayitas. Estaba muy emocionado porque iba a jugar en la Gran Manzana; la oportunidad de jugar junto a Derek Jeter y con mi antiguo compañero de los Rangers, Alex Rodríguez. Esto sonaba divertido.

¿O me equivoco?

Cuando llegué a los Yankees, pensé que iba jugar todos los días porque me habían traído para eso. Ellos tenían un par de lanzadores empezando en el equipo, y nuevamente, no voy a decir nombres, pero lo pueden buscar, que deseaban seguir trabajando con el receptor con el que se sentían cómodos, y ese era José Molina. Terminé jugando solamente dos o tres días a la semana y nunca he podido encontrar ofensivamente una diversión a jugar así. Me declaro criatura de costumbres y necesitaba jugar todos los días, para estar en mi mejor forma. No existe rutina cuando llegas al parque con una idea clara de si vas a jugar o no.

Esos jugadores preferían trabajar con el receptor suplente. Eso me decepcionó un poco porque yo estaba allí para aprenderme los lanzamientos de los lanzadores tan rápido como pudiera Estudie mucho para recopilar la mejor información acerca de los lanzadores designados para cada juego. Por primera vez en mi carrera algunos lanzadores preferían a otros receptores. Se me hizo difícil de entender. "Denme la oportunidad de trabajar con ustedes. Estoy seguro de que les va a gustar lo que puedo hacer por ustedes", pensaba yo. Eso nunca sucedió porque ellos quisieron seguir adelante con su rutina.

La experiencia de juego en Nueva York no fue como yo la había imaginado. Tenía mucho anhelo de que llegara y luego resultó una de las mayores decepciones de mi carrera. Cuando se hizo el intercambio, yo esperaba quedarme en Nueva York por buen tiempo. Estaban pensando pasar a Posada a primera base y el plan era traerme a mí y tenerme allí unos cuantos años. Entre una cosa y otra Jorge decidió regresar antes y ser receptor el año siguiente y eso es comprensible. No me molestó en absoluto, para nada. Ya estaba hecho. Pasé unos meses muy buenos en Nueva York y creo que hice un trabajo bastante bueno como parte de esa oportunidad que me dieron para jugar allí.

Me tenía decepcionado el hecho de que yo esperaba volver a los Yankees al año siguiente y que sería el receptor principal del equipo. Hubiera sido especial terminar mi carrera con los Yankees, como a muchos jugadores les gusta.

Me resulta difícil explicar el grado de mi sorpresa cuando me hablaron de intercambio, porque eso no me había pasado nunca. Sí, yo estaba dispuesto a hacerlo, pero mi mentalidad de jugador de béisbol es de que: donde quiera que te encuentres, tienes la expectativa de seguir ahí. Unos días antes de la llamada de Jim para hablar en su oficina pensaba que me iba a retirar de Detroit, que iba a seguir allí hasta que ya no pudiera jugar más. Esa era mi forma de pensar 100%, especialmente por mi relación con Dave y con Jim y Mike y su familia. Ellos decidieron apostar por Brandon, un joven al que habían reclutado y desarrollado y estaban en su perfecto derecho.

Como jugador, tenía que repetirme a mí mismo, *Okey ya no vas a estar más con los Tigres*. Fue duro, porque jugué con ellos cinco años irrepetibles. Pero cuando fui a jugar con los Yankees, desperté a mi mente diciéndole, Okey me encantaría ponerme el uniforme de rayitas hasta que me retire del béisbol. Sólo con estar en Nueva York y ser reconocido como jugador de los Yankees y jugar con ellos cuatro o cinco años hubiera sido fabuloso. Esa es mi forma de ver las cosas a finales de la temporada de 2008 y créanme cuando digo que le repetía eso a Scott Boras una y otra vez, "Quiero quedarme en los Yankees. Intenta algún tipo de contratación".

Estuve en el equipo hasta que Jorge decidió que quería seguir siendo el receptor. Si se hubiera seguido adelante con el plan de mudarlo a primera base, posiblemente hubiera sido un Yankee el resto de mi carrera. Y repito, si había alguien en el mundo que entendía al que quería seguir siendo receptor a los 37 ó 38 años, ese era yo. Respeto por completo su decisión y conozco como opera eso. Hubo varias conversaciones acerca de mi carrera y cambios de posiciones, pero nunca me los tomé en serio. Supongo que hablaban con mi agente sobre esos temas. Yo tenía pensado terminar mi carrera en una posición y para eso trabajé bien duro a los largo de mi carrera. Yo era un receptor. Una vez receptor, por siempre un receptor. Así es como lo veo yo. Jorge, que también es puertorriqueño, jugó unos cuantos años más como receptor antes de acabar jugando en primera base. Su carrera ha sido grandiosa, con 275 cuadrangulares y cuatro Series Mundiales. Me hace pensar que Puerto Rico produce buenos receptores.

Durante mi estancia con los Yankees, no se me hizo difícil recibir de Mariano Rivera y su famosa bola rápida cortante. Porque es solamente un lanzamiento: una bola cortante. Eso era todo lo que pedía Mariano y yo simplemente colocaba el guante de receptor bien hacia arriba o bien hacia abajo. Esos eran sus dos puntos. Son casi dos lanzamientos diferentes, alto y bajo. Era criminal como les lanzaba a los bateadores zurdos bolas rápidas hacia arriba y hacia adentro. Para un zurdo era casi imposible pegarme a esa bola. Si el bate llegaba a hacer contacto con la bola no pasaba del jardín derecho. Con dos de sus lanzamientos le bateé en una ocasión de hit y la segunda un cuadrangular en Arlington en el año 2000. Pero vuelvo y repito, el lanzador tiene la ventaja. Como lanzador se logran más *outs* que todos los hits que yo consigo contra ustedes.

Cualquier jugador de Grandes Ligas disfrutaría la experiencia de jugar en Nueva York y la experiencia no es decepcionante. Me honra haber pertenecido a los uniformados con rayitas, aunque haya sido por menos tiempo del que pensaba. Lástima que quedamos por debajo de la serie postemporada 89–73.

Con el regreso de Jorge como receptor, los Yankees no me necesitaban. En la próxima temporada cumplía los 37, pero yo me sentía fenomenal.

Jugué béisbol de invierno y me sentí muy orgulloso y emocionado más allá de las palabras de representar a Puerto Rico ese mes de marzo en el Clásico Mundial de Béisbol. Jugamos en el Estadio Hiram Bithorn de San Juan, donde tantas veces jugué de adolescente. Ganamos una buena posición también, y yo estaba bateando para .500 en el torneo, mejor que nunca.

Solamente había un problema. Cuando empezó el torneo, a mediados de primavera, yo era todavía un agente libre. Tenía algunas ofertas, pero quería estar seguro de que era una situación en la que iba a jugar todos los días. Creo que mi desempeño jugando en el torneo le demostró a muchos que todavía quedaba Pudge para mucho rato.

12

De regreso al Estado
de la Estrella Solitaria

COMO PARTE DE MI TRABAJO COMO RECEPTOR, LES INDICABA A los jugadores en primera y tercera bases qué tipo de lanzamiento iba a pedir. Solamente tenía que mirarlos. Ya para ese momento el lanzador estaba en proceso de lanzar y los entrenadores no tenían tiempo de decirle nada al bateador. Ese es el momento en que yo miro y muevo mi mano, doy una señal rápida, o sencillamente asiento con mi cabeza la doblo hacia un lado o el otro, para que se posicionen un paso más delante de la línea. Los del jardín corto siempre estaban atentos a mí.

Yo decidía el lanzamiento que se iba a hacer mientras observaba al bateador todo el tiempo. Podía ver la posición en que estaban sus pies y en ocasiones predecir cuál era el lanzamiento que estaba buscando. A veces pedía el lanzamiento que el bateador quería. Al mirarlo estaba posicionado hacia atrás en la caja de bateo, quizás pida una bola rápida porque él quiere más espacio para estar delante. Yo pedía la bola rápida porque era lo que él estaba buscando y con frecuencia cuando un bateador está buscando una bola rápida, hace más *swing* de la cuenta. El resultado de hacer demasiado *swing* es casi siempre un bombo, o una bola terrera sencillita.

Si hablaba o no con los bateadores dependía del momento. Al principio del juego los saludaba, les preguntaba cómo les iba, les deseaba suerte, les decía que esperaba que tuvieran un buen juego y eso era todo. No me gustaba hablar boberías detrás del plato, porque no quería que otros receptores lo hicieran conmigo. Para mí Grandes Ligas es en parte eso mismo. Si haces ese tipo de cosa, le estas faltando el respeto al juego, al uniforme que llevas puesto y a los fanáticos. Esa no es manera de jugar.

Esa fue la forma en que los jugadores de más experiencia me enseñaron cuando subí en 1991. Muchos de los que entramos a los Rangers de Texas tuvimos una gran experiencia en la Liga. Aprendí eso desde el primer día. Allí teníamos a cinco lanzadores veteranos en el juego que no bromeaban, igual que tampoco lo hacían los que estaban en el *bullpen*. Ni hablar de los jugadores en sus posiciones, especialmente los posicionados en el medio del diamante, esos eran bien serios. Tenía a Franco en segunda base, Gary Pettis en el jardín central y otros veteranos del juego igual que ellos. A todas partes que miraba veía nombres importantes, jugadores veteranos que inspiraban respeto y muy rápido aprendí de ellos a respetar el juego.

Mi preparación para el juego consistía en tomar un informe de los *scouts* de la noche antes y leer la trayectoria del bateador líder a través de las nueve entradas. Al día siguiente, al llegar al parque, me fijaba en los detalles en el video y verificaba si coincidían con el informe. A eso le añadía mis propias notas y preparaba una lista de posibles bateadores emergentes, algunos de los cuales podían batear desde el principio, porque en esos momentos no teníamos la alineación del equipo contrario para ese juego. Esa información nos llegaba generalmente como tres horas antes del primer lanzamiento. Repasaba la alineación y decidía qué tipo de lanzamientos pedir basándome solamente en los informes de los *scouts* y en lo que el lanzador y yo hablamos antes del juego. Ya para el segundo turno al bate de los bateadores, basándome en los que le vi hacer al bateador en su primer turno y de ahí en adelante me basaba en eso para el resto del juego. Obviamente ya cuando llega el cuarto turno al bate, el informe del *scout* no tiene mucha valides si el hombre lleva tres *outs* con el mismo tipo de lanzamiento.

A los bateadores poderosos les daba siempre lanzamientos hacia adentro, de modo que no pudieran extender sus brazos. Ese es lo que necesitan hacer para poder elevar la bola. Por lo tanto, queríamos mantener sus manos cerca de su cuerpo mientras le lanzábamos bolas curvas y deslizantes. Cuando les tirábamos bolas curvas, solamente estaban dentro, o quizás fuera y abajo. Esa era la única excepción, especialmente si sabía que el bateador estaba propenso a seguirme la corriente. Aunque mi combinación favorita para ponchar *uno*, *dos* con los bateadores poderosos era empezar con bola deslizante y hacia afuera y si era un *foul*, el próximo lanzamiento era una bola rápida y hacia adentro. Esa combinación pocas veces me falló.

Uno de los puntos más importantes al pedir lanzamientos es darle cambios al nivel de la vista del bateador. Yo tenía 12 posiciones diferentes para acomodarme y moverme, no solamente de derecha a izquierda sino de adelante hacia atrás también. Todo mi enfoque estaba en esos 12 lugares y movía el brazo para adentro y para afuera según donde estuviera agachado. Practicaba moviéndome por cada una de los 12 lugares y tirando a segunda base en cada posición ya que había diferentes puntos de lanzamiento para cada tiro.

Incluso en mis sueños me veo jugando béisbol. Nunca me veo bateando, siempre detrás del plato. La mayoría de los jugadores esperaban con ansias sus turnos al bate, pero yo no. Sólo quería estar detrás del plato, llamando los lanzamientos y trabajando con el lanzador. En el turno al bate, bueno, nunca usé mis conocimientos de receptor a la hora de batear. Simplemente veía la bola y la bateaba. Pueden preguntarle a mi anterior entrenador de bateo, Rudy Jaramillo, de quien aprendí tanto. Rudy siempre decía, "Pudge nunca piensa en los lanzamientos que le van a hacer. Él se preocupa por estar a tiempo con su *swing*". Quiero mucho a ese señor, porque él fue quien me enseñó a batear.

Rudy siempre se centró en 60/40. Eso significa el porciento del peso que está sobre la pierna trasera y 40 el porciento que está sobre la delantera. Esa postura ayuda a mantenerse atrás y llegar a tiempo. Trataba de estar listo, quedarme adentro y soltar las manos. No importaba si me lanzaban una bola rompedora o una rápida, o si era cambiante o una recta, yo siempre listo y en posición 60/40. Muy raras veces disparé la bola al jardín izquierdo durante las prácticas de bateo, mayormente salían en dirección a segunda base y jardín derecho. Ese era mi enfoque en el juego: posicionarme hacia atrás. Los cuadrangulares llegan por sí mismos. Si esperara por un cuadrangular, hubiera bateado para .190. Mi respuesta a ¿Qué es un cuadrangular? El resultado de un *swing* perfecto.

Obviamente la bola rápida es el lanzamiento preferido a la hora de batear, porque cuando un lanzador tiene una buena bola rápida, que rompe, ese tiro es prácticamente imposible de batear. Si batean una deslizante 450 pies para un cuadrangular, pido ese lanzamiento de nuevo, porque el bateador no se lo espera. Piensa que el lanzador no se lo va a repetir porque la última vez la bateó a una milla de distancia. Cuando los bateadores le pegan a una bola rápida y cae de *foul* a 500 pies de distancia, a continuación pido ese mismo lanzamiento. Hay 99 por ciento de probabilidades de que el bateador va a estar en posición esperando un lanzamiento diferente y la cabeza del bate va a estar apuntando hacia primera o tercera base. O va a ser un *foul* casi en sus pies o un *foul* más largo. El bateador piensa en ese momento, Okey, ya tengo la fórmula. No va a volver a lanzarme ese tiro. Mentira. Ahí es precisamente a donde tienes que volver a lanzarle el mismo tiro.

Por supuesto que hay muchas señales de robo en el béisbol, ya se trate de lo que el receptor está pidiendo o el entrenador de tercera base o si el dirigente está pidiendo un toque de bola o un robo. Como jugador no me gustaba robar señales y aparte de eso, al ser un jugador tan instintivo, de nada me servía tratar de adivinar el lanzamiento que venía, porque eso no me ayudaba y además distraía. Otras veces tenía presentimientos sobre los lanzamientos que me iban a hacer. Algunos bateadores darían cualquier cosa por poder reconocer el lanzamiento y se la pasaban tratando de hacerlo. A mí, personalmente, no me gustaba hacerlo, porque me sacaba de concentración y mi enfoque a la hora de batear era siempre: mirar a la bola y pegarle a la bola. Bien sencillo.

Los lanzadores y los receptores cambian mucho de señales, incluso a veces dos veces en una misma entrada, aunque eso no es común. Obviamente, nadie va a usar las mismas señales durante todo un juego, porque eso sería como entregarles el juego en las manos. Llegábamos a cada juego con cuatro grupos de señales a las que recurrir, dependiendo de cuál fuera la situación. Si el bateador empieza interpretando muchos lanzamientos buenos como bolas, es momento de hablar con el lanzador y cambiar las señales. Puede darse que entre los bateadores más disciplinados hubiera un Ted Williams o un Barry Bonds, no creo que otros más, que pudieran identificar un campo estrecho aquí o allá y tuvieran suerte, pero nunca de forma constante. Si llega a ser alguien más, es que estaban robándose las señales.

¿Y sabes qué más hacíamos? Si había un corredor en segunda base que se estaba robando o intentaba robarse las señales, me llegaba al montículo y le daba al lanzador la lista de los próximos tres o cuatro lanzamientos. Sin usar señales. Ya no podían hacer nada, excepto esperar el lanzamiento. Deslizante, rápida, arriba y le jugaban a alguna de esas, quizás iba de nuevo hasta el montículo rapidito y le dictaba tres más.

Otra cosa que hacíamos con frecuencia era con corredor en segunda base cambiar el indicador. Digamos que el indicador es dos dedos, pues empiezo con cuatro, después con dos para abajo y con eso le digo al lanzador que la próxima señal es la del lanzamiento.

La estrategia tiene dos partes. Mientras usted está tratando de hacerle al corredor lo más difícil posible que le robe la señal, usted quiere al mismo tiempo simplificarle la vida al lanzador. De esta manera se pueden concentrar en lanzar strikes, pegarla en su posición y usar los mecanismos apropiados en vez de tener que estar adivinando qué es lo que el receptor está pidiendo. La peor cosa que se puede hacer como receptor, es crearle confusión al lanzador, cuando ya tiene bastante en qué pensar.

Como receptor, es importante aprender a tratar a cada lanzador de forma diferente. Algunos preferían señales breves y sencillas y era posible que la segunda señal indicara que el próximo era el lanzamiento y la mantuviéramos por el resto del juego. A algunos les preocupaba más que a otros que el equipo rival nos robara las señales y las cambiábamos con más frecuencia. Algunos trabajaban rápido, otros un poco más despacio, otros tiraban a primera base de vez en cuando asegurándose de que algún corredor no les fueran a robar alguna base. Algunos no tenían ni idea de cómo mantener a un corredor en la base, haciendo mi trabajo más difícil.

• • •

Cada vez más compañeros de equipo y jugadores rivales me comentaban que habían crecido viéndome jugar, o que yo era su jugador favorito cuando eran jóvenes, aunque no creo que me lo dijeran por cumplir. Les repito que para mí era un honor escuchar esos comentarios de parte de cualquier fanático y mucho más de un compañero. No pasa nada, es que llevo mucho tiempo jugando y me hace sentir un poco mayor.

Durante mi sexta temporada con los Rangers, yo seguía siendo el jugador más joven del equipo hasta que llegó en 1996, el Novato del Año de la Liga Americana, Derek Jeter, quien era más joven que yo. Curiosamente a comienzos de la temporada de 2009, yo era de los jugadores más viejos y sólo tenía 37 años. Todavía seguía jugando la posición que más exige físicamente. Las palabras de Papi nunca dejaron de resonarme en los oídos cuando me dijo, "Iván, tu naciste para ser receptor". Y como receptor me retiré.

Mientras jugábamos en el Clásico Mundial de Béisbol, que considero es un evento magnifico, firmé con los Astros de Houston. Eso fue en marzo, tarde para un entrenamiento de primavera. Eso había sido un poco planificado, para ver qué otras oportunidades se me presentaban. Además, nunca fui fanático del entrenamiento de primavera. . Después de mi año como novato, llegué siempre tarde a los entrenamientos de primavera porque estaba jugando béisbol de invierno todos los años, por lo que no necesitaba seis o siete semanas de entrenamiento de primavera. Esa es una de las tradiciones del béisbol que verdaderamente ya no tienen sentido. Se diseñaron para que los jugadores trabajaran regularmente en la temporada baja. Para nosotros el béisbol es un trabajo del año entero y ya lo era cuando yo empecé a jugar. Siempre estábamos en forma.

Hunter Pence, uno de mis compañeros de equipo en los Astros había pasado su infancia en Arlington y me dijo que había sido mi admirador desde chiquito. Como les decía hace un momento, esto se estaba convirtiendo ya en la regla y no en la excepción.

Jugar la mayor parte de la temporada de 2009 con Houston resultó ser todo un reto. No tuve problemas con los fanáticos, la ciudad o la organización. Fue algo parecido al tiempo que jugué con los Yankees de Nueva York el año anterior. No jugaba con regularidad, podía ser dos o tres días a la semana. Yo ansiaba jugar al nivel que yo sé que puedo jugar y seguía dando lo mejor de mí mientras estaba en el terreno, pero necesitaba jugar más. Empezaba detrás del plato y entonces me sentaban por unos días y ya iba en espiral hacia abajo.

Nunca fui a hablar con un manejar o gerente general sobre el tiempo que me tocaba jugar. Siempre me mantuve muy profesional, porque así me criaron y así me enseñaron a respetar el juego mis compañeros de equipo en los Rangers cuando estaba recién llegado a las Grandes Ligas. Ese año que jugué en Houston hablé con el dirigente, Cecil Cooper, varias veces, pero no para mostrarle mi descontento. Le comenté, "Oiga, entiendo perfectamente que el futuro viene de camino, el futuro que ustedes esperan. Esos receptores jóvenes ya están listos y me doy cuenta de que ustedes quieren verlos jugar". Esa estrategia tenía sentido, especialmente cuando no estábamos ganando y andaban 74–88 esa temporada. Creo que si hubiéramos estado ganando o en una serie postemporada, hubiera jugado más. Todavía me mantenía sólido en la defensiva, o por lo menos eso pensaba yo, aparte de que seguía sacando a jugadores de *out* en carrea o robándose las bases, y también podía batear un poco. Solamente necesito confiar en lo aprendido. Me estaba refiriendo a lo que va a ocurrir en cualquier situación o en cualquier terreno de juego, ya sea lanzando, bateando, bloqueando, tirando, o dirigiendo los lanzamientos.

Hubo momentos memorables durante mi estadía de cinco meses con Houston y es que por ejemplo, en mi primer juego contra los Cachorros de Chicago el 17 de mayo, en Wrigley Field, le conecté a Ritch Harden bien profundo, el cuadrangular número 300 de mi carrera y eso que no me considero un bateador poderoso. Conectaba un cuadrangular como cada 33 veces que iba al bate durante mi carrera, para un promedio de menos de 15 por temporada. Eso es todo porque jugué mucho más tiempo que otros jugadores, como Mike Piazza, Johnny Bench, Carlton Fisk y Yogi Berra, que han sido todos receptores con mucho más poder al bate que yo.

Me dio tanta alegría que eligieran a Piazza al Salón de la Fama en 2016, un año antes que a mí. Yo sentía un gran respeto por él. Sin duda el mejor receptor al bate sobre un terreno de juego y formidable dirigiendo el juego. Mike era un receptor de un calibre muy alto, a quien nunca se le dio suficiente crédito.

Otro de esos momentos para la historia y del que estoy más orgulloso llegó el 17 de junio de 2009 cuando completé mi juego número 2,227 como receptor. Ese día rompí el récord de todos los tiempos que tenía Carlton Fisk. Y aún mejor, fue en un juego en Arlington contra los Rangers. La fanaticada me dio varias ovaciones y eso significó mucho para mí, porque sentí que estaba jugando en casa.

El juego se extendió a entradas extra también, y yo fui el receptor en todas ellas. Una de las cosas más importantes en el deporte es presentarse. Esa era mi meta principal, salir al

terreno y estar allí para asistir a mis compañeros de equipo. Mi
ex dirigente Johnny Oates siempre me prometía un día libre
después de haber jugado varios juegos corridos. Casi siempre
cuando se sentaba a preparar la alineación para el día siguiente,
escribía mi nombre y después se disculpaba conmigo. Pero
sabrán que nunca me disgusté, porque era un honor que pensara
tan bien sobre mí. Yo no quería un día libre.

El 18 de agosto de esa temporada llegué de intercambio
a los Rangers nuevamente. Me causo una alegría enorme y
también inesperada regresar a mi equipo, a mi organización, de
la que nunca me quise ir. Me embargó una felicidad muy grande
regresar una vez más. El intercambio se produjo bien rápido, en
unas horas. Dejé todo en Houston, agarré solamente mi maletín
de béisbol y manejé las cuatro horas que hay desde Houston
hasta Arlington. Quería jugar esa noche, pero no llegué a tiempo.
Llegué al parque como a las 6:00. Quería salir al terreno con los
Rangers de nuevo. Creo que iba más rápido de lo que debía por
la carretera.

El Capitán del equipo en ese momento era uno de mis
jugadores favoritos, Michael Young, que le dijo a los medios de
comunicación, "Es muy importante para nuestros fanáticos. Él
puede ser el mejor jugador de la historia de nuestra organización
y probablemente el más popular. Esta ha sido una jugada
fantástica desde todos los puntos de vista".

Esas seis semanas fueron bien divertidas. El equipo estaba
en la cúspide después de haber ganado títulos consecutivos en
la Liga y terminado ganando 87 partidos esa temporada. Se
suponía que yo iba a ser el suplemente, pero acabé jugando casi
a diario. Jugué 28 juegos y tuve más de 100 apariciones al bate
durante ese periodo.

Mi primer partido fue en Arlington. En un gesto de mucha nobleza, David Murphy, el jardinero central y gran bateador me cedió su Núm. 7, para que lo siguiera usando. Ese gesto me llegó al corazón., poder jugar en casa de nuevo y con mi número de siempre. Los fanáticos me recibieron con una ovación de pie en mi primer turno al bate y yo tuve un día bueno, con tres hits y un doble.

Al finalizar la temporada la pregunta era: ¿"Qué sigue ahora?. Todavía me sentía bien para jugar, por lo que era sólo cuestión de encontrar el lugar correcto. Durante la temporada de 2009 jugué 121 juegos, hice casi 450 apariciones al bate y como en el pasado, quería seguir jugando. Ser maestro y entrenador de los receptores jóvenes era un buen trabajo, pero no quería estar en el banco y sin jugar.

Todavía me faltaba hacer una parada más en los que serían 23 años increíbles en el béisbol profesional.

13

Mi retiro

POR SI FUERA POCA MI DICHA, DESPEDÍA MI CARRERA JUGANDO EN Texas y con los Rangers, que me ofrecieron jugar con ellos antes de que el periodo de agentes libres empezara. Eso significaba que podíamos averiguar cuanto pagarían más adelante, pero iba a jugar con ellos la temporada de 2010. La única desventaja era que jugaría como suplente. Les digo que esa temporada se usaron cinco receptores y no hubo en realidad un receptor abridor oficial. A mí, como siempre, lo que me interesaba era jugar.

Muy pocos jugadores tienen la suerte de estar todavía jugando en las Grandes Ligas a los 38 años y mucho más un receptor. He sido extremadamente afortunado de ser saludable y eso me ha permitido jugar por tanto tiempo. A cualquier jugador que ve su nombre en la alineación la mayor parte de su carrera, no le gusta estar sentado. Eso mismo me estaba pasando a mí. A pesar de que me hubiera gustado jugar los últimos años de mi carrera con los Rangers, sentía dentro de mí que podía seguir siendo un abridor de juego. Scott Boras, mi agente, pensaba lo mismo que yo. Y decidimos tantear el mercado.

Recibimos varias ofertas para jugar por un año, pero nos interesaba un contrato por dos años y después veríamos si seguía en condiciones de jugar. La otra situación que teníamos era que casi todos los equipos pensaban que estaba contento de jugar como suplente, cuando yo quería ser quien abría el juego. Ese fue de seguro un punto muy discutido.

Los Nacionales de Washington dieron un paso con una oferta muy atractiva por dos años, $6 millones. Mucho más de lo que algunas personas pensaban que ofrecerían por mí y yo estaba contento. Entre las cosas que se hablaron, dijeron que iba a ser el receptor abridor. Supongo que hay muchos receptores mayores que aprenden a jugar como suplentes, pero eso no es para mí. Para mí jugar es una necesidad, es mi oxígeno.

Mi primer año con los Nacionales jugué en muchos partidos, aunque me resultaba incómodo estar al final de la tarjeta de la alineación. Eso era otra cosa, y no me agradaba porque había menos hombres en base de lo que yo acostumbraba a tener. Jugué en 11 partidos, con todo y haberme ausentado por dos semanas en la lista de lesionados. Mis números se mantenían estables, bateando para .266 y 49 RBIs. Y hasta me robé dos bases. "¿Qué les parece eso para un viejito receptor? Al final de mi carrera había robado 127 bases y solamente unos cuantos receptores habían conseguido robar más. Mi mejor temporada ha sido sin duda 1999 cuando me nombraron MVP. Esa temporada robé 25 bases y robé 10 en otras tres ocasiones, de las que la última fue 2008 cuando tenía 36 años y obtuve 10-por-11.

Terminamos la temporada 2010 en 69–93, que eran diez victorias más para el equipo que las del año anterior. El punto culminante de la temporada sucedió cuando fui receptor de Stephen Strasburg, que había nacido una semana antes de que yo firmara con los Rangers. Imagínese, haber sido el receptor de Nolan Ryan al comienzo de mi carrera y de este muchacho ahora al final. Verdaderamente sorprendente.

Aunque estaba en la lista de lesionados por mi espalda, quería ser el receptor en su primer juego. Y sabía que él quería que fuera yo el receptor. Significó mucho para ambos. Pasé un rato en la práctica de bateo antes de que me activaran para el juego de esa noche contra los Piratas de Pittsburgh. También tenía pendiente revisar los informes de los *scouts* y lo tuve que hacer sin Stephen porque ya bastante tenía de que ocuparse y ya lo habíamos hablado. Le quedaba toda la vida por delante para estudiar los informes de los *scouts*. Por esta vez, yo me iba a encargar de todo eso.

Estábamos sentados en el *dugout* antes de entrar al terreno y le dije a Stephen, "Vamos a abrir con este líder bateador usando una bola rompedora".

Me dijo, "No, vámonos de bola rápida".

Sin embargo confió en mí la mayor parte del tiempo y la pasamos muy bien. Stephen lanzó en siete entradas y sacó de *out* a 14. Ganamos el juego 5–2. El estadio estaba cargado de energía y todo vendido, cosa que no era usual.

El muchacho estaba directo esa noche. Me trataba con mucho respeto, cosa que me agradó. Trabajamos muy bien el resto de la temporada. Cuando la prensa me preguntó por él al terminar el juego, les dije: "He sido receptor para muchos muchachos, pero éste es increíble. Es sorprendente cómo está alrededor el plato, lanza *strikes* y se mantiene todo el tiempo en la zona de *strikes*. Como regla, los muchachos jóvenes como Stephen se quedan atrás en el conteo, pero no hizo eso hoy. Él ataca por la zona de *strike* todo el tiempo".

Esa temporada Stephen terminó con 92 ponches en 68 entradas, una proporción poco vista. Igual que yo en las Pequeñas Ligas. Siempre me alegro de haber sido su receptor cuando él lanzaba y no haber estado en la caja de bateo.

Más tarde, en la temporada los Nacionales llamaron a su prospecto de receptor, Wilson Ramos. Yo sabía que iba a ser mi remplazo y trabajé con él tanto como pude. No solamente en cuanto a la mecánica de recibir. También acerca de la importancia de ser un buen líder del equipo de lanzadores y de ser un líder en términos generales. Es muy importante que el receptor esté en control durante todo el juego.

Me gustaba mucho trabajar con los receptores más jóvenes. Pasé un montón de tiempo con Ian Desmond, que realmente se ha convertido en un jugador fantástico. Pero ya que Wilson y yo éramos ambos receptores, yo pasaba la mayor parte del tiempo con él. Nuestro gerente, Jim Riggleman, habló conmigo en 2011 para informarme que Wilson iba a jugar con más frecuencia. Sin embargo, yo seguiría siendo el receptor del Día de la Inauguración al abrir el juego. Entiendo que Jim le estaba rehuyendo a esta conversación, pero creo que fue correcta. Más tarde, Jim le dijo a la prensa "Ha sido una de las mejores conversaciones que he tenido con un jugador de béisbol desde que me inicie como dirigente. Pudge es primera clase y eso refleja la calidad de persona que es".

Por mi parte no había problema. Yo era un hombre hecho y derecho y sabía que Wilson iba camino de ser un gran jugador. Mi única intención era ayudar al equipo a ganar juegos. Yo había ganado un MVP y la Serie Mundial, y tenía el conocimiento para llegar al éxito. Cuando Jim y yo nos sentábamos a hablar, él me veía como la persona que soy.

Sentía que todavía tenía mucho béisbol en mí. Estaba jugando para una gran organización, en una gran ciudad y en un parque de béisbol bellísimo. Todo se aprecia más a medida que el tiempo va pasando. Soñaba con llegar a otra postemporada y lograr los 3,000 hits.

Sin embargo, fue bueno tanto para mí como para Wilson. Nos llevábamos bien y yo estaba con él mucho tiempo y le enseñe todo lo más que pude. Yo estaba en buena forma física todavía, trabajando duro para jugar cuando me dieran la oportunidad. Nos sentábamos a conversar con mucha frecuencia, tipo la relación que debe existir entre jugador y entrenador. Los dirigentes y la administración están siempre pendientes del futuro. Siempre pensando en desarrollar a jugadores jóvenes y así es como opera. Yo también fui joven.

En este segundo año del contrato me di cuenta de que algo había cambiado. Estaba jugando solamente una o dos veces a la semana, algo duro de procesar para mí. Sentado en el banco, sin ser parte de la acción, me sentía como un entrenador. No necesitaba traer mi equipo, porque era solamente un espectador.

Por supuesto, que yo era consciente de que no podía seguir jugando como antes. En estos momentos estaba bateando para .220 con poco poder. El juego se me hacía más difícil, era una lucha, porque mi cuerpo no podía hacer cosas que años antes podía. Pero podía seguir lanzando. Le di *out* al 52 por ciento de los roba bases, cuando el promedio de la liga era 28 por ciento. Me sentía muy orgulloso de eso.

Ese año lo recuerdo como muy frustrante. La realidad era que se acercaba el momento y tenía la sensación de que esa sería mi última temporada. Retirarse en diciembre para volver más tarde, como han hecho tantos jugadores y ser como algunos boxeadores que se retiran después de cada pelea, no es mi estilo. Claro que quieren retirarse cada vez que están agotados y adoloridos, pensar en volver a pasar por eso les hace pensar en el retiro.

Quién sabe cuántas veces cambié de opinión durante esa temporada baja. Supongo que muchísimas, pero no quería dar por terminada mi carrera. Supongo que nadie quiere dejar de hacer lo que más ama en el mundo, pero mentalmente no estaba listo para otro entrenamiento de primavera y otro año sentado en el banquillo. Todavía había interés en mí y algunos clubes me habían hecho ofertas de contratación, pero la pasión se me estaba agotando. Reconocí que había llegado el momento, porque no quería ser de los que no saben cuándo irse. Tampoco quería jugar a un nivel inferior al de mis mejores años.

Durante aquel día de invierno, me sentía listo para retirarme. Después, al día siguiente, ya no estaba tan seguro. Esto era un viaje de ida y vuelta que duró toda la temporada baja. Inclusive jugué béisbol de invierno. Al final, después de hablarlo con mi familia y mis amistades, entendí que tenía que aceptarlo y que había llegado el momento. Eso también es parte de la carrera de un atleta profesional.

Fueron muchas las horas y los temas que hablé con mi esposa, Patricia. Ella escuchó todas mis razones para tratar de jugar un año más y las razones para retirarme también. Al final quedé convencido de que había llegado la hora de decir adiós. La noche de mi decisión final, Patricia me dijo, "Ya jugaste béisbol por muchos años y en estos momentos puedes salir por la puerta ancha y en el escenario más importante. Mejor ahora, que esperar a que te saquen del juego, porque eso no está a tu altura".

En la vida he tratado siempre de vivir sin arrepentirme de haber dejado cosas sin hacer y estoy muy orgulloso de mi carrera. Sí me hubiera gustado completar los 3,000 hits, para los que me faltaban 156. Todavía hoy pienso en eso, porque no son tantos y en una carrera de 21 temporadas no son tantos. Esas son las cosas que hacen al béisbol grandioso. Siempre voy a atesorar esa historia y esos números. Para un receptor que nunca cambió de posición (muy rara vez fui el bateador designado con solamente

53 aperturas en mi carrera, creo que me puedo conformar con 2,844 *hits*, que ya son bastantes. Un record para un jugador en mi posición de receptor. Solamente otros dos receptores llegaron a acumular más de 2,000 hits, Carlton Fisk y Jason Kendall. Esos números son solamente de los partidos en que jugaron como receptores, no en general.

Trataba siempre de batear hacia zonas en las que nadie pudiera atrapar la bola, porque ese el propósito de este gran juego. Tener en récord 2,844 *hits* son muchos *hits*. Tres *hits* en diez turnos al bate es un promedio de .300, que es bastante bueno, pero todavía siguen siendo siete *outs* de cada diez turnos al bate. No es un deporte fácil de jugar, sobre todo cuando tienes una bola viajando hacia ti a más de 90 millas por hora y con movimiento dirigido a distintas parte de la zona de *strike*.

Las estadísticas no eran realmente mi motivación. Papi y yo siempre discutíamos sobre eso. Papi me decía que mis números reflejaban lo que estaba bateando y a mí eso no me importaba. Mi meta era estar en el momento. Papi, ese gran hombre, seguía gritándome sobre los números y yo le contestaba, "Papi, no me importa".

No era Papi solamente. Los fanáticos, hasta Patricia me comentaban mucho sobre cuántos cuadrangulares había conectado o cuantos RBIs me faltaban para romper un récord. Me resultaba agradable oírlos, siempre me sentía bendecido cuando los escuchaba, pero esas no eran las razones por las que yo jugaba. Patricia a veces leía que yo había sido el primer receptor en hacer esto o aquello y me lo decía con tanto orgullo y yo solamente sonreía. Si eso la hacía feliz, yo también era feliz.

El anuncio oficial de mi retiro se hizo el 23 de abril de 2012 y ya no sería un jugador de la Liga. Esa había sido mi vida desde que era un adolescente. Quería que la conferencia de prensa fuera en el estadio de Arlington. Me prepararon una entrada grandiosa al estadio, en un convertible y mientras los fanáticos aplaudían de pie, yo saludaba y sonreía. Les dije que no iba a estar más en la alineación de jugadores, pero que seguiría siendo un jugador activo para mis fanáticos y para el béisbol.

Ese fue un momento muy especial para mí y les daba las gracias a todos esos fanáticos a los que llevo en mi corazón y en la memoria, porque siempre me dieron un trato especial. El dirigente del equipo en esos momentos, Ron Washington, dijo refiriéndose a mí, "Ha sido el mejor que he visto jugar. La respuesta más rápida y el tiro más certero que haya visto. Como jugador era una figura que intimidaba cuando estabas en primera base. Podía dar palizas al bate también. Ha sido un receptor excepcional".

Por supuesto que Nolan Ryan estaba allí. Era el presidente del equipo en ese tiempo. Me dijo lo que siempre me decía cuando yo era más joven, "Hazme el favor y mantente ocupado cuando te retires. Nadie debe quedarse en casa todo el tiempo. No seas de los que pasan todo el día sobre el sofá viendo televisión".

Nolan tenía razón cuando dijo que había que encargarse de otras cosas. , desarrollar otra carrera y enfocarse en ella. Además, empecé a jugar más golf. Eso me ha mantenido cuerdo. Viajo mucho por negocios, algo que me conviene, o simplemente me quedo en casa mirando el béisbol en televisión o me voy a jugar golf.

Debo admitir que el primer año de retiro no se me hizo fácil. Me atrevería a decir que fue brutal. No hubo entrenamiento de primavera, no hubo juegos en abril y tampoco Día Inaugural. Esa temporada ni siquiera veía béisbol en televisión porque me resultaba demasiado doloroso. Por poco vuelvo loca a mi esposa

Patricia. En esos momentos llevábamos cinco años de casados y no estaba acostumbrada a tenerme alrededor todo el tiempo, o por lo menos desde marzo hasta septiembre.

PATRICIA GÓMEZ
ESPOSA

"Los últimos dos años de su carrera fueron muy difíciles de sobrellevar porque no le dieron oportunidad de jugar todos los días y él estaba acostumbrado a eso. Yo le decía, 'tranquilo mi amor', porque ya jugaste mucho y además tienes que darle oportunidad a los jóvenes y ayudarlos con tu experiencia como veterano en el juego".

"La decisión de retirarse no fue fácil, porque el juego era su pasión y lo único que había hecho prácticamente toda su vida. Cuando empezó el entrenamiento de primavera, cuando empezaron los juegos, él se sentaba con la mirada fija y perdida, sin saber qué hacer. Fue un poco triste y difícil, pero poco a poco se empezó a adaptar a su nueva vida de negocios y al golf. Esa pasó a ser su nueva pasión y como es tan disciplinado, no le importa jugar solo. Lleva sus palos de golf siempre que viaja. Va a reuniones y juega al golf. También monta bicicleta, pero menos que antes porque los viajes de negocios no le dejan mucho tiempo libre".

Durante los primeros meses mi de retiro no hice casi nada. Me costó mucho adaptarme a mi vida de civil. ¿A qué se dedica el resto de la gente durante la temporada de béisbol? No tenía ni idea, porque yo siempre estaba jugando. ¿Saben en qué pensaba mucho en esos días? Me puse a recordar momentos históricos de mis años en el béisbol con mis compañeros y entrenadores.

También veía algunos videos míos en YouTube, incluyendo un video mío discutiendo con un árbitro y me reía mucho.

Pensar que mi primer contrato había sido por $21,500 cuando tenía 16 años. En esa época me ganaba $800 al mes en la ligas menores y quizás $1,000 en Doble A. Por eso teníamos que compartir gastos entre los jugadores y vivíamos seis o siete en el mismo apartamento. Inclusive ese primer año con los Rangers, ganaba $82,000 por temporada. Ese fue un buen aumento de salario comparado con los $5,00 que había ganado el año anterior, pero todavía no me alcanzaba para comprar carros y casas.

Cuando empezó la temporada baja, lo primero que hice fue regresar a Puerto Rico y comprarles a mis padres una buena casa a cada uno. Ellos trabajaron muy duro para criarnos a mi hermano y a mí. No ganaban mucho dinero, pero yo siempre tenía el equipo para jugar béisbol que necesitaba y siempre había comida en la casa.

Obviamente, he ganado mucho dinero a lo largo de mi carrera, más de $100 millones, antes de los impuestos y los agentes. No creo que el dinero haya cambiado nada. Claro, ahora vivo mejor, pero eso no me ha cambiado como persona y no creo que el dinero deba cambiar a la gente. Entiendo que se necesita tener dinero y que a todo el mundo le gusta tenerlo, pero sigo siendo la misma persona. Compré una casa bonita y un bote, más para que lo disfrutara la familia que para mí. No soy de echármelas, ni de invitar a los compañeros del equipo a mi casa, porque no soy persona de jactarme ante los demás.

Recuerdo la conversación que tuve con Papi por teléfono cuando me llamaron a Grandes Ligas, "Papi, ya no tienes que trabajar tan duro. Nuestra familia no tiene que preocuparse más por los gastos y por pagar cuentas. Yo estoy jugando ahora en las Grandes Ligas y puedo encargarme de cuidar a la familia.

Ese momento me llenó de orgullo, del orgullo sano y poder decirles a tu padre y a tu madre y a tu padre que les compré una casa. Igualmente hice con mi hermano. Mis padres se retiraron hace ya años y les envío su dinero aparte también. Quiero cuidar bien de ellos, como ellos me han cuidado.

Pensar en la ayuda que representaba para mis padres y en cómo hacer sus vidas más cómodas me mantuvo un poco entretenido durante esos tristes primeros meses de mi retiro. Me dejaba llevar por los recuerdos y pensaba en mi primer contrato, sin tener dinero cuanto estaba en las ligas menores. Veo esos tiempos desde el presente y los atesoro por lo que han hecho de mí, una persona firme y estable. Tengo que añadir que no todo se me hizo fácil.

Pensaba mucho en mi familia. En el fondo, para mí la familia lo es todo, béisbol y familia.

Los Juegos de Estrellas

EL JUEGO DE ESTRELLAS ME ENCANTABA. ERA PURAMENTE DE exhibición y los juegos no tenían esa sensación de competencia de un juego de la temporada, antes de que se inventaran esa regla absurda de que la liga ganadora sería la anfitriona de la Serie Mundial. ¿En serio que para determinar la sede de la Serie Mundial, vas a darle más peso a un juego de exhibición que a los 162 juegos que llevamos jugando durante seis meses? A la mayoría de nosotros no nos parecía lógico, pero a mí me seguía gustando mucho jugar en ellos.

¿No se imaginan lo que más disfrutaba del Juego de Estrellas? Estar allí y llevar a la familia conmigo porque siempre quería ir. Recuerdo que estaba en la casa club con todos los demás jugadores, sentado frente a una mesa larga llena de cascos de béisbol y un paquete de cosas que teníamos que firmar. Y a continuación salíamos y los medios de comunicación estaban por todas partes.

Era un sitio espectacular para estar en verano. Muchas personas preferían estar en la playa. Otros quieren surfear, divertirse en el agua…Durante los primeros 20 y pico años de mi carrera, nunca pasé un verano en la playa. Les comento que nunca lo eché de menos. No sé si era porque estaba ocupado con el béisbol y había ganado un puesto en el Juego de Estrellas.

Algunos jugadores se tomaban tres días libres para irse de vacaciones, pero yo no necesitaba vacaciones.

Me seleccionaron como *All Star* 14 veces, como receptor abrí el juego 12 veces, y cada vez me sentí sumamente honrado. Era un placer jugar béisbol. La mejor parte de todo es que podía compartir con estos jugadores que por unos cuantos días dejaban de ser los rivales y éramos compañeros de liga. De hecho, antes de que el juego fuera inter ligas, nunca veíamos a los hombres de la Liga Nacional, así que todavía mejor. A esos jugadores los veíamos solamente por la televisión.

Tenía 20 años cuando participe en mi primer Juego de Estrellas en 1992, el partido se iba a celebrar en el estadio Jack Murphy de San Diego. De mis tres hijos solamente Dereck había nacido y mi abuelo se lo llevó al zoológico de San Diego mientras yo estaba en el parque de béisbol.

Las alineaciones, los participantes, todo era impresionante. Por la Liga Nacional estaban allí Ozzie Smith, Tony Gwynn, Barry Bonds, Ryne Sandberg y Tom Glavine. Ese grupo completo está en el Salón de la Fama excepto Bonds, que debería estar dentro porque se lo ha ganado.

Por la Liga Americana la artillería pesada incluía a Roberto Alomar, Ken Griffey Jr., Carl Ripken, Jr., Paul Molitor, y Mark McGwire, que también debería estar en Cooperstown con el resto de ellos. Nuestro mundo se mueve de esa forma: si trabajas duro, vas a tener éxito.

El Juego de Estrellas del Año siguiente ha dado mucho de qué hablar, porque fue cuando Randy Johnson lanzó su bola rápida botando humo y le pegó con ella a John Kruk. Creo que la velocidad era de 98 millas por hora. Yo no sabía que Randy iba a hacer eso antes de que empezara la entrada, pero era evidente lo nervioso que estaba Kruk parado en el plato. Ya estaba sudando, así que le dije, "Vamos a divertirnos un rato".

Él no se estaba divirtiendo, el pobre hombre no quería saber nada de Randy. Para ser sincero, ninguno de nosotros quería enfrentarse a Randy, especialmente los bateadores zurdos y Kruk nunca se había enfrentado a él. Se suponía que fuera gracioso y tuvo su gracia, pero no para Kruk. Después de que Randy lanzó y la bola pasó por encima de la cabeza de Kruk, éste exhaló profundamente y yo le di una palmadita en el casco. Los jugadores en los *dugouts* se reían mientras Kruk en vano trataba de hacerle swing a los próximos tres lanzamientos, bastante alejado del plato y lejos de la mortífera bola rápida de Randy.

Dos años más tarde, en 1995, abrí un partido jugando para la Liga Americana en mi propio estadio. El estadio de béisbol de Arlington, una noche que siempre recordaré. Mi suplente para el juego era Mike Stanley, que fue uno de mis mentores cuando llegué a Grandes Ligas y que me enseño algunas cosas. Tanto él como Geno Petralli me trataron siempre muy bien. Al unirme a los Nacionales de Washington, llegó mi momento de pasar a los jugadores jóvenes mis conocimientos. Compartir con uno de ellos como Mike Morse fue fantástico, iba jugando muy bien tanto así que lo nombraron un *All-Star*. Ese muchacho sí que podía batear.

En mi familia el juego del que más se habla es del Juego de Estrellas del 2000 y no precisamente porque hayamos ganado 6–3, que fue genial, porque ganar siempre es mejor que perder. Durante el Festival de Cuadrangulares la noche antes del Juego de Estrellas, posiblemente olvidé a mi hijo Dereck en el Turner Field en Atlanta y me fui al hotel. Eso suena mucho peor de lo que en realidad pasó, o por lo menos esa es mi versión.

El jugador favorito de Dereck era Derek Jeter. Sí, incluso más que yo. Supongo que porque tenían al mismo nombre. Imagínense a mi hijo corriendo por toda la casa vestido con una camisa de los Yankees de Nueva York, pero todo sea por la felicidad de los niños, ¿verdad?

Dereck Rodríguez
Hijo

"Que yo sepa, Derek Jeter era el único jugador con mi nombre. Fue durante esa época en que los Yankees eran el mejor equipo de béisbol. Yo siempre decía que él era mi jugador favorito y al principio creo que era por bromear con mi Papi, pero se fue convirtiendo en realidad".

"Una anécdota que sobresale es que estábamos sentados en la autobús del equipo durante la semana del Juego de Estrellas. Estábamos Papi, los otros jugadores y yo. Después que mi padre se sentó, Derek Jeter me hizo señas de que me sentara a su lado en el trayecto del hotel al estadio. Gestos como ese hace que me caiga todavía mejor porque era súper buena gente".

Me encantaba el ambiente del "Home Run Derby" y todo lo que incluía, pero a decir verdad, era una noche muy larga, después de un día bien largo. Tenía que despertarme temprano para mi entrenamiento y por eso me iba después de la primera ronda, excepto en los años en que he jugado. Además de largo, los cuadrangulares no se daban hasta el final del juego, o sea después de muchos *swings*.

Como les estaba diciendo, mi hijo Derek y Derek Jeter eran inseparables en los Juegos de Estrellas. En el año 2000 estaban juntos en el terreno de juego antes de que empezara el "Derby" creo que jugando lanza y captura y se veían tan felices que no quise apartar a mi hijo de esa diversión. Yo sabía que Maribel ya estaba de vuelta en el hotel con las dos niñas que eran más pequeñas. Me gustaría poder decir que me pareció que Jeter iba a traerlo de vuelta al hotel, pero no lo puedo culpar. Me fui, cogí un taxi y llegué. Tan pronto entré a la habitación Maribel me dijo, ¿Dónde está Dereck?

Le dije, "Creí que estaba contigo". Y mientras lo estaba diciendo, pensaba, eso no tiene sentido porque ella se fue antes que yo. Las siguientes dos palabras que salieron de mi boca fueron: ¡"Ay bendito"¡

En el Juego de Estrellas siempre hay un montón de cosas pasando y mucho caos, pero con todo y eso debí haberme acordado de mi hijo. Volví a salir, cogí un taxi y me fui al estadio. Y allí estaba, todavía en uniforme, jugando en la casa club con los otros niños como si nada. A diferencia de la temporada regular, durante los eventos del Juego de Estrellas dejan que los niños entren allí. No los dejan pasar a jugar el terreno de juego porque puede ser peligroso, que le pegue a un niño una bola.

Muchas personas me preguntan acerca de quién es el mejor lanzador al que me he enfrentado o para quien he atrapado y mencionan a los jugadores del Juego de Estrellas. Sin embargo, para mí, el mejor era aquel con el que podía trabajar cómodo como receptor por 100 entradas o más al año.

El ejemplo máximo para mí fue detrás del plato en el Juego de Estrellas de 1999 en Boston. Estaba de receptor de Pedro Martínez por dos entradas, fantástico, pero ese no era tiempo suficiente para conocer su estilo. Pedro estaba lanzando a mil por hora ese día. Sacó de *out* a cinco de los 6 bateadores a los que lanzó, incluyendo a Barry Larkin, Jeff Bagwell, Sammy Sosa, Larry Walker y Mark McGuire. Al único bateador que no sacó de *out* fue a Matt Williams, pero de eso me encargué yo cuando trató de robar la segunda base al final de la segunda entrada.

No hay duda de que Pedro era el mejor. Era increíble. También estaban Randy, Roger Clemens y David Cone. No pude batearle un hit a Cone. Algunos días, me podían dar los 27 turnos al bate para mí solo y no llegaría a primera base. El dominaba diversos lanzamientos desde distintos ángulos. Si me preguntan, el hombre era como un copo de nieve, porque nunca tiró un mismo lanzamiento dos veces en su vida. Luego de ser receptor para tantos lanzadores, llegué a la conclusión de que si estás en la goma a nivel de ligas mayores, es porque eres bueno.

Los Juegos de Estrellas eran muy divertidos para nosotros como familia. Siempre había un montón de gente allí. La sensación era muy diferente a la de los juegos de la temporada regular o de la postemporada. El ambiente era más relajado y con mucha diversión para la familia. A Derek mi hijo le encantaba ir a todos esos juegos para ver a todos los jugadores y desarrolló amistades con algunos de los otros niños de jugadores, que también tenían la suerte de estar allí.

En muchos sentidos Dereck se crió en el béisbol y andaba siempre por los vestuarios. En una ocasión en que Ken Griffey, Jr., lo levantó del piso para cargarlo, Dereck debió asustarse y se le orinó en el brazo a Ken. Muy gracioso.

Ese sentido que tengo de lo que es familia se remonta a mis padres y la forma que se portaban con mi hermano y conmigo. Ellos se encargaron de inculcarnos la importancia de la familia y que la familia también incluye a las tías y tíos hasta los primos y los abuelos.

Todo esto es todavía más formidable porque mis padres se divorciaron cuando yo tenía 12 años de edad. Después de divorciados siguieron tratándose con amabilidad, haciendo las cosas correctamente y asegurándose de que mi hermano y yo no sufriéramos. Hoy por hoy, ambos se volvieron a casar, tienen parejas nuevas y siguen siendo grandes amigos. Papi tiene su casa detrás de la de mi abuelo, que Mami le remodeló y va por allí todos los fines de semana. Ella cocina y pasan ratos juntos, todos tienen una relación muy cordial. Somos muy afortunados de que sea así, por el bien de todos en la familia y por el ejemplo que nos dan a todos. Se preocupan mucho los unos por los otros.

Haber vivido el divorcio de mis padres me ayudó mucho a sobrellevar el mío propio, que como ya mencioné anteriormente, fue ciertamente muy difícil. Maribel siempre ha sido una excelente madre y es una gran persona. Una de las razones por las que pude jugar por tanto tiempo en Grandes Ligas creo que fue el hecho de que me casé a los 20 años. De no haberlo hecho, seguro que me hubiera quedado soltero durante mi carrera en las mayores. Podía haber estado haciendo cosas que no me convenían, como estar de rumba o por ahí, pero eso no es lo mío. Dereck nació un año después de casarnos y cuando esa criatura tan bella llegó a casa, menos me interesaba salir. Quería estar con él todo el tiempo cuidándolo y con él al hombro en casa todo el día.

Dereck tenía un año cuando fuimos al día familiar de los Rangers, cada uno con su camisa "Rodríguez 7" y "Rodríguez Dos 7", nos hicieron unas fotos buenísimas en las que estamos los dos y yo me veo muy joven. Tenía sólo 20 años y el nene de un año apenas caminaba conmigo por el terreno de juego. Uno de los recuerdos más bellos de mi vida.

Tengo otra foto muy buena en la que estoy en el *bullpen* vestido de uniforme y con todo el equipo de receptor puesto, durante los entrenamientos de primavera en Port Charlotte. Mientras yo entrenaba Maribel se acercó y me dijo que Dereck quiere verte un momentito. Yo seguí estirando con todo mi equipo puesto, esperando al lanzador para calentar antes del juego y Dereck llegó y se sentó en mis piernas y así fue la foto.

Nuestra relación ha sido muy parecida a la que mi padre y yo hemos tenido siempre. Dereck venía mucho a la casa club desde que tenía un añito y lloraba cuando me iba porque no podía llevarlo al terreno de juego. Pero tenerlo allí era fantástico. Tenerlo en casa, me mantuvo feliz allí, jugando con él y al béisbol.

Cuando nació mi hija Amanda, la sensación fue muy especial porque yo nunca tuve hermanas, solamente un hermano. Dereck le lleva tres años a Amanda. Si cuando nació Dereck yo no quería despegarme de él, con Amanda fue el doble de la emoción. Después llegó Ivanna, nuestra segunda hija, unos años después de Amanda. Amo a mis tres hijos desde lo más profundo de mi corazón, pero cada uno de ellos es diferente. Es un amor único y especial el que siento por ellos tres. Siempre me ha encantado ser padre. Por eso cuando llegó mi divorcio, una de las peores cosas en mi vida fue separarme de ellos. Fuera de la temporada pasamos juntos las 24 horas del día los siete días de la semana. Viajábamos juntos, nos íbamos de vacaciones, cuatro meses y medio juntos todo el tiempo. Me dolía mucho no poder verlos todos los días. Si los visitaba en su casa, no podía quedarme mucho tiempo, pero para mí buena suerte, mientras estaba en Miami los tenía conmigo los fines de semana.

No poder estar con ellos era la parte más difícil de todo eso. Sigue siéndolo hoy que ya son grandes. Las conversaciones ya no son iguales, porque ya son adultos. Amanda acaba de mudarse a Dallas por lo que la tengo a cinco minutos en carro cuando estoy en Dallas.

Dereck Rodriguez

Hijo

"Papi era siempre el mismo no importa si era temporada o no, porque él sabía reprogramarse cuando estaba fuera del terreno de juego. Podía tener un juego 0 por 4 y estar furioso después del juego, pero tan pronto salía de la casa club, se sacaba el juego de la mente como si no hubiera pasado nada y lo lograba. Durante la temporada entendíamos que el terreno de juego era su trabajo. Fuera de la temporada, era bien divertido estar con él, porque se pasaba bromeando con nosotros. Esa era la única diferencia".

"Cuando vivíamos en Miami, nos metíamos a la piscina todos los días, jangueando juntos, haciendo barbacoas y cosas por el estilo. Viajábamos mucho y estuvimos en Italia, después Papi compró un bote y estuvimos un mes por las islas del Caribe, en San Bartolomé, en San Martin y en otras muchas más".

"Cuando yo era pequeño, Papi tenía que enseñarme muchas cosas, pero ahora que ya estoy más grande y maduro hemos ido pasando de una relación padre-hijo a una de amigos. A veces salimos juntos y le dice a la gente; 'Les presento a mi hermano pequeño'. Nunca fue demasiado estricto, solamente nos inculcaba que había que hacer las cosas bien. Recuerdo un juego cuando yo tenía como 12 ó 13 años y tenía las patas de los pantalones más abajo de los ganchos, un poco abolsados porque esa era la moda. Me llamó la atención después del juego para decirme que había que usar el uniforme correctamente"

Uno de los días que me he sentido más orgulloso fue cuando los Gemelos de Minnesota seleccionaron a Dereck en la sexta ronda de selección de Grandes Ligas en 2011. Al principio jugó en posición de jardinero, pero ahora es lanzador y con unos trucos muy buenos. Espero que llegue a tener una gran carrera, pero más que nada, deseo que sea feliz en la vida.

La última temporada de béisbol invernal antes de mi retiro, jugamos juntos. Yo todavía estaba considerando jugar una temporada más y además experimentar lo que era jugar con Dereck en el mismo equipo. Jugamos un partido entre los del equipo antes de que empezara la temporada, en Caguas, Puerto Rico. Yo jugaba en el bando contrario y Dereck bateó de *hit* y llegó a primera.

A continuación trató de robarme una base en el primer lanzamiento y yo sabía que iba a tratar porque lo veía inclinado hacia segunda base. Como veterano que soy pedí una bola rápida y Dereck arrancó para segunda base. Lo saqué de *out* por diez pies. El jardinero corto tuvo tiempo de atrapar la bola y esperar a que Dereck llegara. Fue gracioso porque según él iba de regreso a *Home* le dije, "No vuelvas a intentarlo" mientras él se reía diciendo que tenía que tratar de robarle base a su padre aunque fuera por una vez.

A pesar de que mis tres hijos se criaron principalmente en los Estados Unidos, solamente vivíamos en Texas durante la temporada, porque mi pueblo natal de Vega Baja siempre ha tenido un rol principal en mi carrera. Fuera de temporada pasábamos mucho tiempo en Puerto Rico y hasta compramos una casa allí el año que me llamaron a las mayores. Al año siguiente compramos una casa en una urbanización con acceso controlado y dos o tres años más tarde nos mudamos para San Juan.

Tito Rodríguez
Hermano Mayor

"Iván es una estrella del béisbol en Puerto Rico, como Roberto Clemente y Orlando Cepeda. La razón por la que ha alcanzado ese nivel no ha sido solamente por ser un gran jugador. Es también por la forma en que trata a la gente del país, a sus fanáticos en general. Siempre jugó béisbol invernal aquí y viene a Puerto Rico constantemente y nunca he visto que se niegue a dar un autógrafo o a tomarse una foto con los fanáticos. Aparte, si se trata de un evento caritativo, nunca sabe decir que no. Los días con Iván son agotadores, porque puede enseñar cinco clínicas y cubrir tres eventos de caridad en un día y en todo momento tiene una sonrisa y sigue firmando autógrafos. Cuando se trata de hacer algo por Puerto Rico, nunca está cansado. Nunca, nunca ha olvidado sus raíces, ni por un instante. Por eso la gente lo quiere tanto, porque es el tipo de hombre que todos deberíamos de tratar de ser y no me alcanzan las palabras para hablar bien sobre él. No puedo estar más orgullos de él".

"Y aun con todos sus éxitos y lo buen padre que es, todavía tiene dentro al niño que era y cuando estábamos solos, que no había nada bueno en televisión, sacaba un papel le daba forma de bola y jugábamos a batear la bola de papel con una chancleta, como cuando éramos niños. Muchas noches nos quedábamos hasta las tantas de la madrugada jugando así y todavía lo hacemos".

Durante la temporada en Texas alquilé un apartamento justo al lado del parque de béisbol y par de años más tarde compré una casa muy cerca, en Colleyville, donde los nenes iban a la escuela. Todos mis nenes nacieron en Texas y vivimos allí por bastante tiempo. Fuera de temporada también estábamos allí porque los nenes tenían clases. Para 1997 ó 1998 compramos un apartamento, en Miami. Más tarde vimos una casa a orillas del mar en el año 2000 que nos encantó y vivimos allí por unos cinco años. Aunque todavía estaba en construcción pasamos allí prácticamente toda la temporada.

Cada mes de diciembre estaba en Puerto Rico para jugar béisbol invernal. Nos íbamos primero para jugar y cuando se acababan las clases una semana antes de Navidad, los nenes viajaban también a Puerto Rico. En muchas ocasiones mientras viajábamos y a veces durante la temporada llevábamos una maestra para los nenes, como hicimos cuando estuvimos en Italia. Por las mañanas tenían clases y después tenían el resto del día libre.

Conocí a mi esposa Patricia Gómez después de haberme separado. En muchos aspectos se parece mucho a mí, tiene tres hijos de su primer matrimonio y aunque es de Colombia, vivía en Miami. Realmente nos conocimos en el restaurante de su hermano Iván. Ella me acompañaba en los viajes siempre que podía. Siempre me ha gustado tener compañía y obviamente fuera de temporada pasábamos juntos más tiempo.

Nos casamos en Miami el 7 de febrero de 2007 y renovamos los votos en Puerto Rico cuatro años más tarde. Cuando conocí a Patricia ella no sabía ni papa sobre béisbol. Absolutamente nada. No podía diferenciar entre mi 4 por 4 o mi 0 por 4. Yo le explicaba, "Patricia, hoy tuve dos RBIs y saqué de *out* a un roba base", y ella me decía, "Lo siento mucho mi amor".

"No, no, al contrario, eso es un buen juego". Y ella se ponía feliz. Eran momentos muy bonitos.

Patricia Gómez
Esposa

"Cada vez que veía a un receptor en la televisión, creía que era Iván. Le decía a la gente que estaba viendo el partido, "Ese es Iván" y me decían ellos, "No, ese es otro receptor". Para mí, con aquella careta puesta y el equipo, todos se parecían.

"Ha sido bastante difícil lograr que regule sus horas de sueño. Según él, eso ha sido así desde siempre. No es fácil, pero estoy convencida de que se puede hacer, aunque por el momento no se vea el resultado. Siempre está lleno de energía. Cenábamos después del juego y yo ya me sentía cansada, pero él se quedaba viendo televisión hasta la madrugada.

"Le admiro muchísimo por ser tan disciplinado y dedicado en sus entrenamientos. No importa a qué hora se hubiera acostado, se levantaba temprano y se iba para el parque de béisbol tempranito. Casi siempre era de los últimos en salir del parque también. Cuando me quedaba a esperarlo y veía que se estaba yendo todo el mundo, preguntaba "¿Dónde está Iván? Me decían que estaba haciendo ejercicio o verificando los informes de los scouts sobre la próxima serie. Nadie le regaló nada a Iván en su carrera, él se ganó todo con mucho esfuerzo. Es una máquina de trabajo. Trabajó siempre duro por su pasión y amor por el béisbol".

Patricia también pensaba que los juegos eran muy largos, que a veces lo son, pero a mí eso no me molestaba. Poco a poco ella fue asistiendo a más y más de mis juegos, a medida que sus hijos se fueron haciendo mayores. Ahora tiene cuatro nietos y es maravilloso pasar tiempo con ellos. Nos mantenemos ocupados y somos muy felices todo juntos.

Tratamos de visitar Colombia tan a menudo como podemos. Me encanta el clima de allí y ver a su familia. ¿A quién no le gusta ser un abuelo? Le doy gracias a Dios que encontré a Patricia y por haberme permitido pasar todos estos años con ella y nuestra familia. Para ella no soy el famoso y exitoso jugador de béisbol. Soy un hombre que ríe, llora y que ha vivido muchos momentos bonitos y otros difíciles. Ella siempre se ha mantenido firme a mi lado, contribuyendo a que mi vida sea mucho mejor.

Mi vida y mi familia siempre han estado muy ligadas al béisbol. Todos hemos sido muy afortunados de que el juego llegara a mi vida. Cuando los padres y los niños me piden consejo, lo primero que les digo es que los pongan a practicar algún deporte que disfruten. Los deportes son la mejor manera de vivir una vida dedicada a estar en forma, a trabajar en equipo y que se mantengan activos en el deporte a lo largo de sus vidas.

El legado de un receptor

CREO QUE TAL VEZ ALGUNAS PERSONAS CUANDO LEEN UN LIBRO sobre alguien que conocen, ya sea un atleta, una estrella de cine, o un político, esperan leer sobre fiestas en sitios extravagantes y con personajes famosos. También esperan leer todo sobre el dinero. Y tal vez por el camino, si tienen suerte, el autor va a atropellar con el autobús a unas cuantas personas. Ahí tienen su libro.

Antes que nada, yo no les estoy ocultando nada, Yo no estaba en esas fiestas. Pueden hacer una búsqueda en Google bajo "Pudge Rodríguez" y "fiesta" y les prometo que la búsqueda será bien rápida. Y si buscan en Google "Pudge" y "fiesta", sin mi apellido, quizás tengan un resultado más entretenido, pero no me van a encontrar por ninguna parte.

Soy un tipo bastante tranquilo. He jugado el juego que tanto amaba y jugaba con toda mi intensidad, la que podía controlar por lo menos la mayor parte del tiempo. Dicen que para convertirse en un experto en cualquier campo de la vida hay que comprometer 10,000 horas de trabajo. Yo calculo que antes de llegar a la adolescencia ya había jugado 10,000 y probablemente había visto también 10,000 horas de juegos. Cuando los Rangers de Texas me llamaron a los 19 años, después de unas temporadas en las ligas menores, ya había jugado quizás más de 25,000 horas de béisbol. Y eso no incluye los entrenamientos diseñados para ayudarme en mi juego.

Desde muy joven sabía lo que quería hacer en la vida y era jugar béisbol. Me dormía de noche pensando en béisbol. Me despertaba y mi primer pensamiento era para el béisbol. Mientras me cepillaba los dientes, pensaba en béisbol. Cuando estaba en la escuela, pensaba en béisbol. Diría que desde que nací hasta que me retiré, el 95% de lo que veía en televisión era béisbol. El otro 5% eran los programas que venían a continuación del juego de béisbol que estaba viendo. El béisbol no era ni mi entrenamiento, ni mi trabajo, tampoco un juego o un negocio. El béisbol era mi obsesión y mi vida. Y deseo que siga siendo parte de mi vida hasta que me vaya de este maravilloso mundo para el próximo. Mi vida ha sido bastante sencilla: Dios, familia y béisbol.

Por lo que entiendo que no he omitido nada en este libro. Es sólo que soy un tipo que enfoca su mente en una cosa. De vez en cuando, quizás me iba con Juan González a tomarnos una cerveza o dos cuando estaba empezando mi carrera, pero si mi familia estaba en la ciudad, quería irme a verlos. A veces salíamos con nuestras esposas, pero de eso no pasaba.

Es difícil despertar cada mañana y trabajar concentrado si bebió demasiado la noche antes. El entrenamiento fue y sigue siendo parte de mi vida. Yo le aconsejo a los nenes todo el tiempo para que el ejercicio sea parte de su rutina. Esa sesión de ejercicios cada mañana era como lavarme los dientes o tomar una ducha. Yo soy de las personas que no necesita tomar descanso del ejercicio porque este es parte de mi vida. Necesitaba todas las ventajas posibles para tener éxito. Y también quería hacerlo el mayor tiempo posible. Hay atletas como Tom Brady y Dirk Nowitzki, al que conozco desde que estoy en Dallas, que juegan siempre a un alto nivel inclusive después de haber cumplido 38,

39, años y hasta pasados los 40 años. También se oye hablar de dietas especiales, hidratación y de no consumir alcohol. Eso no es una coincidencia.

Me impuse un nivel bastante alto. Una cosa es decir: "Sí, quiero ser un All-Star, quiero ganar un Guante de Oro, quiero jugar en 150 partidos, quiero ganar una Serie Mundial". Estas son todas metas altas y elevadas que, probablemente, el 1 por ciento de los jugadores de Grandes Ligas llega a alcanzar. Mi objetivo era un poco diferente, sin embargo. Digo "objetivo", pero esa es probablemente la palabra equivocada. No era un objetivo tanto como una forma de vida, un compromiso de esforzarme por alcanzar la excelencia y grandeza de dos hombres: Johnny Bench y Roberto Clemente.

Si estuviera empezando en mi equipo soñado, de todos los tiempos, me gustaría empezar con ellos dos, como jugadores y como hombres. Johnny era mi ídolo mientras iba creciendo. No hay mayor honor para mí que estar junto a él como los únicos dos receptores electos al Salón de la Fama en la primera votación. ¿Saben que significa para mí tanto como eso? Las palabras de Bench unos días antes de la votación. Él dijo, "Si Pudge no entra al Salón de la Fama este año, no sé en qué está pensando esta gente".

Sus palabras realmente me conmovieron. Dentro de todo mi estrés y ansiedad, esas palabras me calmaron y con frecuencia pienso en ellas. Johnny y yo hemos coincidido en unos cuantos eventos, espectáculos de tarjetas, y otras cosas por el estilo. Y cada vez que nos vemos tras bastidores o firmando autógrafos, hablamos un rato. Yo siempre le digo lo feliz que estoy de verlo. Con suerte, nos veremos todos los años en Cooperstown y vamos a hacer más amistad. Tal vez podamos jugar juntos al golf. Eso significaría mucho para mí.

Como receptor, como un jugador de béisbol, ese era mi estándar. Yo quería jugar como el gran Johnny Bench. Quería sacar de *out* a los roba bases como el gran Johnny Bench. Quería ganar la Serie Mundial como el gran Johnny Bench. Johnny jugó en una era diferente a la mía. Yo llegué a las mayores ocho temporadas después de que él se retiró en 1983. Espero haber mantenido esa posición con orgullo y a ese nivel. Para mí, la posición de receptor puede volar un poco por debajo del radar. La gente no sabe cuánto y cuán duro trabajamos. Como receptor tienes que estudiar el juego, llegar al estadio temprano, asegurarse de buscar en cada informe de los *scouts*, ver videos y hablar con el entrenador de los lanzadores. A continuación, después de hablar con el entrenador de lanzadores, hay que hablar con el lanzador sobre el plan de juego que tienes.

No se trata sólo de atrapar y lanzar. No es el bloqueo o una jugada en el plato o alguna colisión. No, la parte más importante del juego como receptor es asegurarse de que esos dedos que colocas hacia abajo sean los correctos. Cuando se trabaja con un buen lanzador, se pueden unir las ideas y crear un hermoso plan de juego. Si la batería está conectada así, los juegos se convierten en mágico.

Un club oficial necesita al menos dos personas y ahora tenemos nuestro selecto club de los receptores en la primera votación. Esos somos Johnny y yo. ¿Qué les puedo decir? Recuerdo mi infancia en Puerto Rico, crecer mirando una televisión pequeñita y diciéndole a todo el mundo, "Algún día voy a ser como Johnny Bench". Y entonces, un día, me dan un reconocimiento al mismo nivel que él, justo al lado de él. Esa es la materia de la que están hechos los sueños. Si hacemos una película sobre eso, la gente se va a reír. Ellos dirían que no puede suceder. Bueno, mírenme. Soñar en grande, trabajar duro y nunca, nunca, permitir que nadie le diga que no lo puede lograr.

En Puerto Rico, cuando yo era pequeño y ahora más todavía, Clemente era más que un ídolo o el típico héroe del béisbol. Era más de un dios, no sólo por la forma en que jugó, si no por la forma en que se movía, y la forma en que abrió el camino para todos los jugadores latinos, también por la forma en que dio de sí mismo, su tiempo y su dinero para los menos afortunados.

Uno escucha las historias mientras va creciendo. Cuentan historias del gran Clemente como cantan canciones de cuna y leen cuentos de hadas. Es mucho más que 3,000 hits, o los títulos de bateo, los Guantes de Oro, los campeonatos con los Piratas de Pittsburgh, es también la forma en que regresaba a nuestra Isla fuera de la temporada, cómo pasó incontables horas con los niños, cómo llevaba comida a los necesitados y cómo daba de su bolsillo para ayudar a los pobres. Como todos sabemos, así fue como murió, lo que hace que sea aun más trágico. El avión en que volaba se estrelló porque probablemente estaba sobrecargado con demasiada comida y mucha ayuda para Nicaragua, tras el devastador terremoto que sacudió a ese país. Había oído decir que los tres primeros aviones llenos de alimentos y suministros médicos los habían tomado funcionarios corruptos del gobierno, y poco o nada de esto había llegado a las víctimas que estaban pasando necesidad. Se montó en un avión para asegurase personalmente de que los suministros llegaran y el avión cayó frente a la costa de Puerto Rico. Tenía 38 años de edad, casado y con tres hijos pequeños. Eso sucedió la víspera de Año Nuevo de 1972, apenas 13 meses después de mi nacimiento.

Todos los días cuando salía al terreno de juego, trataba de honrar la memoria de Clemente. Y cuando empecé en las Grandes Ligas y pedían voluntarios para obras de caridad, programas de extensión, o clínicas de béisbol para los niños, yo siempre levantaba la mano. Me dijeron que no tenía que decir sí a todo, que algunos de los jugadores nunca participaban en nada de eso, pero siendo de Puerto Rico, sentía la necesidad de honrar a Roberto Clemente y al hombre que era. Así que, desde novato hasta convertirme en el más viejo del equipo, nunca dejé de levantar la mano. Eric Nadel, Locutor de radio de los Rangers, Entrevistado por "The Dallas Morning News": "El momento de Pudge que nunca olvidaré llegó en un día libre de los Rangers, el miércoles, 10 de septiembre de 1997 en una iglesia metodista en Arlington. Fue en el funeral de Mark Holtz, el locutor de televisión de los Rangers que había muerto después de perder la batalla contra la leucemia. Al mirar alrededor de la iglesia, vi una figura solitaria en la sección reservada para los jugadores activos de los Rangers. Allí estaba sentado Rodríguez solamente. Llamé a Jeff Kuster, que está casado con la hija de Holtz, Cindy, el jueves para preguntar si cualquier otro jugador activo de los Rangers asistió al funeral. Kuster no sabía. Tenía otras cosas en la cabeza ese día, pero se ofreció voluntariamente para encontrar y comprobar el libro de registro de firmas. Cuando me llamó de vuelta, me dijo que solamente un jugador había firmado el libro. 'Fue Iván Rodríguez,' dijo. "Nunca nos enteramos".

Papi conserva casi todos los premios que he ganado durante mi carrera y mi hermano también tiene algunos. En Miami tengo guardados algunos Guantes de Oro, los Bates de Plata y los guantes de receptor que usé en cada una de las 13 temporadas en que gané Guante de Oro. El premio MVP de la Liga Americana lo guarda la familia de mi esposa en Colombia y lo veo un par de veces al año. No recuerdo exactamente quien tiene los Bates de Plata.

Por favor no me malinterpreten, porque estoy muy orgulloso de mi carrera. Es solo que, yo sé lo que hice y además no he jugado nunca para llevarme un premio o tener los números más altos, porque en realidad esos llegan solitos como resultado de un trabajo bien hecho. De un trabajo que he hecho siempre para honrar a mis padres por sus sacrificios para que yo pudiera jugar el juego que amo y llegar a ser como Johnny Bench y Roberto Clemente.

Supongo que por eso no necesito los premios para recordar quién soy y a quienes les debo todo. Entiendo que otras personas disfrutan viéndolas y exhibiéndolas, pero yo prefiero hacer feliz a los demás. Y se trata de algo mucho más importante que los premios, es todo un legado el que dejamos, el ejemplo que les damos a las generaciones del futuro. "Todos queríamos ser como Pudge", comentaba Geovany Soto, receptor All-Star de Puerto Rico. "Para nosotros él es un héroe nacional". Esa figura icónica a la que admiras desde la infancia y que es tu ideal.

A casi todos nos gusta recordar buenos momentos y por lo general hago eso cuando estoy en aviones. Saco mi laptop Apple y veo los videos de 1991, mi temporada como novato, hasta la última temporada en que jugué. ¿Que cuáles son mis momentos favoritos cuando veo esos videos? Pues cuando los compañeros de equipo chocamos las manos con un "High five" y cuando nos abrazamos. Los lazos que unen a los jugadores de un equipo no son fáciles de explicar, pero es de por vida. Si me encuentro en cualquier sitio con alguno de mis excompañeros no sólo nos damos un apretón de manos sino también un abrazo fuerte. Cuando se trabaja duro en equipo teniendo una meta en común durante toda la temporada, se crea un vínculo emocional que nunca desaparece. Todo gira en torno al éxito del equipo. Esa es la meta de todo jugador, entrenar y jugar desde el Día Uno en el entrenamiento de primavera, trabajando juntos en equipo, hombro con hombro por ocho meses de rutinas muy intensas, compartiendo en las buenas y en las malas, cuando estamos ganando y cuando estamos perdiendo.

Unas semanas después de la votación del Salón de la Fama, me hice un examen físico y cuando el doctor vio mi espalda dijo, "no he visto nunca una columna vertebral de 45 años como esta. Estás en magnífica condición física. Claro que eso no es solamente por los 25 años jugando béisbol profesional. Desde los siete hasta los cuarenta años estuve jugando como receptor, en cuclillas y sin embargo, mis rodillas no me han molestado. Gracias a Dios mi genética me ayudó mucho, igual que me ayudaron los estiramientos y los entrenamientos de ejercicios cuando no estaba jugando. Con frecuencia se le escucha a la gente decir que se les pasó su oportunidad. Desde mi punto de vista, usted es quien crea sus propias oportunidades trabajando duro y haciendo sacrificios en el área en que desenvuelva.

Estoy en un momento de mi vida en el que pienso mucho en el futuro. Trabajo duro en mis negocios y viajo mucho durante el año, además hago clínicas ypresentaciones personales. Estoy muy involucrado en obras sociales como diferentes entidades y por nombrar algunas de ellas: "Buzz Off Kids for Cancer", "San Jorge Chidren's Hospital, Posada de Moisés, y por varios años tuve la Fundación Pudge Rodríguez.

Soy comentarista de Fox antes y después del juego cuando los Rangers cuando juegan en casa y posiblemente presente algún programa a nivel nacional, ya veremos en qué queda eso. Otra cosa que disfruto mucho haciendo es trabajar con los otros receptores de los Rangers. Especialmente con los más jóvenes y de menor rango de las ligas menores. Pertenecer al Salón de la Fama es algo muy grande para mí. Estuve esperando a ver qué pasaba y cuando sucedió, pensé, *Enfócate en esto. Vamos a escribir un libro, a contar mi historia y quizás en algún momento después de Cooperstown vamos a visualizar cuales son las opciones.*

No he mencionado esto antes, pero me encantaría ser dirigente; me interesa mucho. Cada vez que voy a los juegos de los Marlins de Miami y veo allí al "Hombre del Tabaco", Jack McKeon, me dice, "Quiero verte dirigir un equipo, Pudge. Serías un dirigente muy bueno". Viniendo de él, es un tremendo halago y mis capitanes anteriores también están de acuerdo con Jack.

Jim Leyland
Ex Dirigente de los Tigres de Detroit

"Creo que él sería un dirigente magnífico. Tiene que tener mucha paciencia, porque gran parte de la gestión de un equipo de béisbol es la paciencia. Me gustaría que cogiera un poco de experiencia, tal vez con un par de temporadas en la ligas menores. Ahora bien, si él no desea hacer eso, también puede pasar directamente a otro nivel y ha funcionado anteriormente. Brad Erasmus, el dirigente de los Tigres es joven y no había sido dirigente antes. Pudge tiene todas las cualidades. Es uno de los jugadores más inteligentes que he dirigido y mientras hablábamos sobre estrategia, cosa que hacíamos constantemente, traía a mi atención cosas que nunca me habían pasado por la mente y por lo general Pudge tenía razón. Pudge mira al juego de forma distinta a como lo hacen otros jugadores. Tiene mucha agilidad mental y mucho instinto. Identifica la decisión que tiene que tomar y la ejecuta en un segundo. No me sorprendería que se decida a ser dirigente y que lo haga con mucho éxito".

No les voy a mentir, pienso bastante en eso. Ser dirigente es algo que espero hacer en un futuro. Puedo con eso, se los aseguro. Los receptores siempre son buenos dirigentes.

Dereck Rodríguez
Hijo

"Creo que sería un dirigente fantástico. No ha hablado del tema, pero yo lo conozco mejor que nadie. Él está deseoso de ponerse un uniforme y viajar. Pero él no quiere pasar por todo ese proceso. Si va a ser dirigente, tiene que ser en las Grandes Ligas. No le interesa hacerlo con las ligas menores. Quiere empezar desde arriba. Sería un muy buen dirigente".

"Inclusive cuando estaba jugando, siempre estaba planificando de antemano, cosas como no darles oportunidad a jugadores cuando los turnos Núm. 8 ó 9 eran los próximos al bate. No te conviene empezar la próxima entrada con el líder en bateo y sí te interesa que tengan su turno los bateadores 3-4-5 cuando las bases están vacías. Él hacía eso por instinto, como si fuera un juego de ajedrez. Le salía natural. A veces me dejaba sorprendido con su manera de visualizar cómo jugar".

La noche antes de la votación para entrar al Salón de la Fama en enero de 2017 fue sin duda una de las noches de mayor ansiedad en mi vida. Esos dos últimos días se me hicieron eternos. No tengo palabras para explicar el nivel de estrés en que me encontraba. Yo no soy de mucho dormir y especialmente en esas noches no fueron la excepción. Estuve despierto 72 horas corridas y en ese tiempo reflexioné sobre el béisbol, el mejor juego del planeta y en todos los receptores que lo jugaron antes que yo. Eso es algo incomparable.

Siento un enorme respeto por esos grandes receptores que tuvieron que esperar para entrar al Salón de la Fama. Nombres como Carlton Fisk, Gary Carter, Mickey Cochrane y Yogi Berra. Antes de pasar a mejor vida Yogi me vio jugando en el Yankee Stadium, Durante la práctica de bateo me miró a los ojos y me dijo, "Tú vas a entrar al Salón de la Fama". Esas palabras me llegaron muy hondo y se me puso la piel de gallina. No tengo nada que contarles sobre el juego, pero salí del vestidor sonriente por esas palabras de Yogi Berra.

El compañero de equipo de Berra Mickey Mantle vivió en Dallas la mayor parte de su vida. Usaba el número 7 de los Yankees de Nueva York. Me gusta mucho el número 7, pero no lo pedí. En la Menores usaba el Núm., 10, pero Dickie Thon, el estelar jardinero central, usaba ese número y pasee a ser en numero 55 cuando me incluyeron en la lista de los 40 jugadores. Pero mi número favorito entre todos era el 10.

De todos modos, cuando me llamaron en junio de 1991 a las mayores, tenía 19 años y no me iba a poner en el papel del niño engreído exigiendo cierto número o no juego. Apenas hablaba inglés, así que me quedé con el número que me dieron. Al año siguiente, mi plan era pedir el Núm. 10, pero Dickie Thon se unió al equipo y él usaba ese número. Al final dije, "Pues me quedo con el 7". Es un número de suerte para muchas personas. No quería un número de dos dígitos en mi espalda, porque no soy muy alto y dos números en la espalda no me iban a hacer lucir muy bien.

Traté de dormir la noche antes de la votación al Salón de la Fama, pero aunque me acosté en la cama no dormí más de una o dos hora. Me desperté temprano, hice mi entrenamiento como siempre lo hago. Pasé la mayor parte del día en casa, sin encender el televisor, tratando de mantenerme alejado de lo que estaba ocurriendo. Mucha gente me estaba enviando mensajes de texto y yo les contestaba, pero solamente podía decirles: "Tienen que esperar hasta la tarde".

Luego salimos de casa como a eso de las 4:00 ó 4:15 para ir a casa de mis amistades, que viven a unos cinco minutos. Y nos quedamos allí a esperar la llamada. Dereck; mi esposa, mis amigos Mike y Melissa Allen y mi asistente, Catalina Villegas estaban allí conmigo. ESPN estaba allí haciéndome una entrevista cuando recibí la llamada telefónica. El Presidente del Salón de la Fama, el Sr. Jeff Idelson me llamó por teléfono y me dijo: "Felicitaciones, ya eres miembro del Salón de la Fama de 2017". Hablamos un momento sobre la conferencia de prensa en el parque de los Rangers y sobre el vuelo a Nueva York esa noche. Cuando colgamos, entró la llamada del Comisionado Rob Manfred para felicitarme.

Mi esposa, mi hijo, Catalina y yo salimos en un vuelo a las 9:30 PM rumbo a Nueva York y ya pasaba la medianoche cuando aterrizamos. Luego tuvimos el desayuno por la mañana con todo el mundo, seguido de una conferencia de prensa. De allí nos fuimos a los Estudios de MLB. Esa noche celebramos con una cena privada con los más allegados.

Tres semanas más tarde fui a Cooperstown y ya van cuatro veces que voy. Paseamos por el museo nuevamente, me mostraron donde iba colocada mi tarja. Cuando me retiré, estaba yo pensando en tener mi tarja en Cooperstown. Sin embargo, no era algo en lo que pensara mucho durante mi carrera. Yo más bien estaba concentrado en tener unos buenos años en el béisbol y en disfrutar de una gran carrera. Esa misma carrera acababa de lanzarme a otro nivel, al de los miembros del Salón de la Fama. Para serle sincero, no pensaba que me iban a elegir en la primera votación. En serio que no. Y no es que no lo mereciera, simplemente no pensaba que iba a ser así. Ha sido un verdadero regalo, porque no hay muchos jugadores que entren a la primera votación, especialmente receptores.

Ser elegido en el primer intento tenía un significado aún más especial sabiendo que Tim Raines esperó 10 años y Jeff Bagwell esperó siete años. Eso es mucho tiempo. Por lo tanto, entrar en el Salón de la Fama en la primera votación fue un sueño cumplido y estoy muy agradecido a Dios y a todos los que participaron en esa votación. Mi teléfono se volvió loco después de la votación. En un momento tuve casi un millar de mensajes de texto de amigos y antiguos jugadores y fui respondiendo a cada uno de ellos. Agradezco a todos por estar pendientes.

Hasta Johnny Bench se comunicó conmigo. Tenía mensajes de Jim Leyland y de un montón de dirigentes para los que he jugado, exjugadores, jugadores activos, las superestrellas de hoy. Casi todo el equipo y el personal de entrenamiento de los Rangers me llamaron o me enviaron un mensaje. Cada texto significaba mucho y todo el mundo estaba muy feliz al igual que yo por haber entrado al Salón de la Fama.

Ha sido una gran experiencia, y creo que es un gran logro estar en el Salón de la Fama. Eso lo cambia casi todo, tener "Salón de la Fama" escrito al lado de mi nombre para siempre. Dondequiera que vaya ahora, ya no voy a ser "Pudge, el gran jugador de béisbol". Ahora voy a ser "Pudge, el Miembro del Salón de la Fama". También era una sensación especial unirme a Nolan Ryan y a Johnny Oates como las únicas personas cuyos números de jugador los Rangers han retirado de uso. Y, por supuesto, Jackie Robinson, cuyo número 42 se retiró y no lo usa ninguna liga de béisbol. Cada vez que me siento allí en el estadio, miro hacia arriba y veo en la pantalla mi apellido y mi número. Los Rangers van a retirar mi número poco después de que me inmortalicen. 2017 es y será un año inolvidable para mí.

Después de que salieron los resultados de la votación del Salón de la Fama fui a Puerto Rico y vi a Papi y a Mami. Fue grandioso e inolvidable. Llegamos al aeropuerto, y toda la familia estaba allí. Los dejaron entrar hasta el área de recibimiento y cuando salí del avión, enseguida los vi. Todo lo que hicieron para recibirme en Puerto Rico estuvo muy bien organizado, con lo cual pude ir a todos los sitios a los que tenía que ir y hacer todo lo que tenía que hacer. Tengo la impresión de haberme tomado una foto con cada habitante de la Isla y yo feliz de estar en Puerto Rico esa semana.

Mi familia sigue siendo muy feliz y muy emocional. Obviamente, yo también. Es una gran cosa, especialmente ya que tengo unos padres que han estado conmigo día tras día, desde el primer día. Cuando mi hermano y yo íbamos creciendo, mis padres practicaban con nosotros todos los martes y jueves y luego se pasaban todo el sábado conmigo y con mi hermano. Uno podría estar allí para ver a mi hermano jugar y el otro para verme. Y luego, cuando comenzaba el segundo juego, se intercambiaban. Incluso cuando estaba jugando en las Grandes Ligas, Papi venia tres o cuatro veces al año y se quedaba conmigo por un par de semanas. A veces hasta llegó a viajar con el equipo, y mi madre también lo hizo. Ellos aman el béisbol. Y yo los amo a ellos muchísimo. Ellos prepararon el terreno para mi éxito.

Estaba leyendo algunas de las historias después de que me eligieron al Salón de la Fama. Sí, tanto los atletas como los entrenadores dicen que no leen cosas en los medios de comunicación, pero la mayoría de ellos por lo general lo hace, aunque ninguno estaba obsesionado como estaban algunos durante mis días como jugador. Me sentía como si tuviera una buena relación con la prensa. Hablé con todos ellos siempre y contesté sus preguntas. Y realmente he tratado de ser honesto siempre. Ellos tienen un trabajo que hacer igual que yo, y yo respetaba eso.

De todos modos, uno de los temas constantes de las historias que leía era mi sonrisa siempre presente cuando jugaba béisbol. Supongo que no siempre se ve, pero aquí está la cosa: yo no era consciente de mi sonrisa. Yo estaba feliz y contento en mi posición, jugando a este juego tan respetado y adorado.

JOHN BLAKE
VICEPRESIDENTE DE COMUNICACIONES
RANGERS - TEXAS

"Su popularidad se debe al monto de todo su trabajo, dentro y fuera del campo. Los autógrafos, las clínicas con niños, su imagen juvenil. Hubo años en que fue el mejor jugador en el equipo, pero él siempre fue parte de un núcleo superior que incluía a gente como Juan González, Rafael Palmeiro, Will Clark, y Rusty Greer. Nuestros mejores equipos de jugadores se formaron alrededor de núcleos fuertes. Mirando al pasado veo estas listas y digo, '¡Tenían a Iván Rodríguez! Él va a ser recordado como el único miembro del Salón de la Fama producto de los equipos de la división ganadora de la década de 1990. Pero en aquellos días, era un equipo mejor formado, era un MVP y un All-Star y su presencia se daba por sentado".

"Recuerdo el primer año que jugamos sin él, 2003. Fue entonces cuando nos dimos cuenta de lo poco que lo habíamos sabido apreciar. Nosotros no teníamos que preocuparnos por el juego durante todos esos años. El dirigía el juego dominante detrás del plato, mucho mejor que cualquier otro receptor.

"Pero, de nuevo, es su sonrisa lo que destaca. Cuando presentamos momentos destacados de Pudge, se puede apreciar mejor. Si eres un verdadero fan de los Rangers de esa época, recordarás lo divertido que era para Pudge en el juego. Sus fotos muestran el momento en que se acercó a los asientos y se comió los nachos de un espectador y otras cosas por el estilo. Pudge siempre tenía una sonrisa en la cara, incluso cuando tenía 19 años. Daba la impresión de que se divertía jugando al béisbol. Su popularidad desde entonces ha escalado al punto de que si todos los exjugadores de los Rangers salieran al terreno de juego, Nolan Ryan y Pudge se van a llevar las mayores ovaciones".

Quiero asegurarme de que esto se exprese correctamente, así que para empezar, tengo la mayor admiración por todos los equipos con los que he jugado durante mi carrera. Los Florida Marlins (Ahora los Miami Marlins) me permitieron demostrarle al mundo del béisbol que no estaba en el ocaso de mi carrera y sorprenderlos al ganar la Serie Mundial. Esas pocas semanas de la postemporada 2003 fueron las más gratificantes de mi carrera. Los Tigres de Detroit me dieron la oportunidad de darle un giro positivo a orgullosa franquicia, la oportunidad de jugar para Jim Leyland-uno de los mejores dirigentes y de regresar al Clásico de Otoño. El honor fue mío, Detroit.

Los Yankees de Nueva York me dejaron jugar para esa organización, para los fans y no hay mayor honor que jugar con el uniforme a rayas en el estadio de los Yankees. Los Astros de Houston se arriesgaron con un receptor mayorcito y les di mi mejor trabajo. Trabajé tan duro esa temporada como lo hice siendo novato. Houston ama el béisbol. Los Nacionales de Washington me permitieron terminar mi carrera con ese gran grupo de jugadores, con los jugadores más jóvenes y ver a la ciudad volver a enamorarse del béisbol después de haberse quedado sin un equipo durante largo tiempo. Esa fue una emoción fuerte, que se quedará conmigo para siempre.

Sin embargo, mi corazón le pertenece a los Rangers de Texas. Ellos me firmaron y en 14 ó 15 años con ellos se fue moldeando mi carrera como profesional. Con ellos crecí y estoy orgulloso de llevar puesta su gorra en el Salón de la Fama para siempre. El equipo de los Rangers siempre me trató muy bien y yo hice todo a mi alcance para devolver el gesto y estar a su altura. Espero que el equipo y los aficionados crean que lo he logrado.

Hay dos historias más que me gustaría compartir. Creo que ellos tratan de explicar cómo fui capaz de lograr lo que hice. No estoy exactamente seguro del año, pero en los entrenamientos de primavera, había llovido la noche anterior y algunos de nosotros habíamos salido a caminar al terreno temprano, cuando las lonas todavía estaban cubriendo el área del montículo y del plato del lanzador. Estábamos teniendo un poco de diversión cuando alguien trató de lanzar una pelota desde atrás del plato, desde el montículo, a la segunda base. La pelota patinó sobre la lona y pasó a territorio de *foul*.

Por supuesto, yo siempre estaba listo para un desafío. Tomé una bola, en cuclillas detrás del plato, me levanté mientras lanzaba y lanzaba al montículo con precisión. La bola rebotó justo al lado del montículo y aterrizó en el guante de mi compañero en segunda base. Me sonrió y salió del terreno de juego. Creo que en la actualidad le llaman dejar caer el micrófono.

Más adelante en mi carrera, estando con los Yankees, me puse muy enfermo. Esto fue a principios de agosto de 2008, pocos días después de que me intercambiaran. Ni siquiera podía salir de la cama. Me sentía morir. Creo que fue la gripe o un envenenamiento por alimentos, todavía no lo sé. Mi padre y su esposa estaban en la ciudad. Estaba tan mal que mi padre tuvo literalmente que meterme debajo de la ducha. Ni siquiera podía caminar por mí mismo.

Yo quería jugar, sin embargo, ya que estábamos en carrera por la serie postemporada. No me gusta tomar nada para el dolor, pero Patricia me convenció de que tomara *Advil*. No sé ni cómo llegué al parque, donde los entrenadores me hidrataron lo mejor que pudieron. Jugué, conecté un cuadrangular y ganamos el juego. Aquí está mi punto: para tener éxito en cualquier cosa en este mundo, se necesita tener algo de talento, se necesita un poco de suerte y se necesita tener un poco de valentía. Trabajando como un mulo para a aumentar las posibilidades.

Por último, si alguna vez me ven a su alrededor, no se sientan intimidados para pedirme un autógrafo o una foto. No es molestia. Es un honor. Pueden pedirme que les cuente su historia favorita de Pudge. Lo más probable es que vea una sonrisa en mi cara. Y ya saben lo mucho que me gusta sonreír.

Agradecimientos

Iván Rodríguez

Empiezo por darle las gracias a mi patria, Puerto Rico y a esa fanaticada tan bonita del béisbol que vive allí. La pasión de ese entorno ha atenido un papel muy importante en mi éxito y no hablemos de la infancia llena de magia que allí disfruté.

Mi familia lo es todo para mí. Tengo a mi esposa y roca de salvación, Patricia; a mis padres, José y Eva; mi hermano Tito; mis hijos amados, Dereck, Amanda e Ivanna.

He sido sumamente afortunado de poder jugar para personas extraordinarias: dueños como George W. Bush y Tom Schieffer en Texas, Jeffrey Loria en Florida, Mike Ilitch (Q.P.D.) en Detroit, y con Tom Lerner en Washington; gerentes generales como Tom Grieve y Doug Melvin con los Rangers y Dave Dombrowski con los Tigres; y con dirigentes coo Bobby Valentine, Kevin Kennedy, Johnny Oates (Q.P.D.), Jerry Narron, Jack McKeon, Alan Trammell y Jim Leyland. A esa lista debo añadir a mi entrenador de bateo por muchos años, Rudy Jaramillo, a quien le debo muchísimo por todo lo que me ayudó con el *swing*.

Más afortunado he sido aún por jugar con hombres fantásticos, mis compañeros de equipo. No quiero dejar a alguien fuera y cargar con ese sentimiento de culpa por toda la eternidad, así que les digo a todos que el mayor honor que he tenido en mi vida ha sido jugar con ustedes, en particular con los que jugué varias temporadas. Resulta difícil describir la sensación cuando otras personas no lo han vivido, pasando 10 o más horas al día por espacio de ocho meses con los mismos compañeros. Ha sido una gran diversión también.

Mil gracias al vicepresidente de Comunicaciones de los Rangers de Texas, John Blake, por todo lo que ha hecho por mí desde hace años y hasta el día de hoy. También a los Rangers Ray Davis, Bob Simpson y Jon Daniels. Mi más profundo agradecimiento al Presidente del Salón de la Fama, Jeff Idelson y al Comisionado de la MLB, Rob Manfred.

Este libro no hubiera sido posible sin Tom Bast de Triumph Books y Catalina Villegas, quien además de las otras mil cosas que hace, me entusiasmó para que lo escribiéramos. Estoy feliz de haberlo hecho.

Jeff Sullivan

La mayor parte del tiempo, la familia y los amigos de Pudge intentaron mantenerlo al margen de la votación en términos de la información que se publicaba, mayormente vía el localizador del Salón de la Fama que dirige Ryan Thibodaux. La noche antes de la votación cuando me reuní con Iván para entrevistarlo, les dije a él y a su esposa que la votación se iba a decidir por un puñado de votos o menos. Parecía que tuviera yo información mágica.

A medida que iban entrando los votos el 18 de enero, le enviaba textos comunicándole que se veía cada vez más prometedora. Algo así como comunicarles a los candidatos su posición en las urnas un Día de Elecciones. No hay palabras para expresar lo importante que era para él salir electo en la primera votación. Pudge siente que ese es su legado. Para un competidor como él, era también la competencia más fuerte, una competencia sobre la que no tenía control alguno.

Cuando me llamó por primera vez Catalina Villegas, que trabaja con Pudge, con la idea de escribir este libro, me entusiasmó muchísimo la idea. Después de escribir para los Cowboys de Dallas por los últimos nueve años, incluyendo dos libros sobre fútbol americano, ya me consideraba más o menos un escritor sobre fútbol. Yo amo el fútbol, pero el béisbol fue mi primer amor, mi deporte favorito desde que era un muchacho. Disfruté mucho trabajar con Pudge en este proyecto, que además me hizo revivir algunos recuerdos de la época del 1997–1998 cuando yo cubría los eventos de los Rangers de Texas, recién graduado de la universidad.

Trabajar con Catalina fue fantástico. No tengo idea de cómo logra manejar todo y la agenda tan cargada de Pudge. También deseo expresar mi gratitud a todos los que hablaron conmigo para contribuir con este proyecto, especialmente a John Blake, el vicepresidente de comunicaciones de los Rangers de Texas, quien mostro un interés más allá de toda expectativa en todo lo relacionado con este proyecto.

Mi sincero aprecio a *baseball-reference.com*, *The Dallas Morning News*, *The Fort Worth Star-Telegram*, *The Associated Press*, *The Boston Globe*, *MLB.com* y a *Sports Illustrated*, entre otros, por su valiosa investigación y recopilaciones para desarrollar este libro.

Deseo además darle gracias a Tom Bast y el editor Jeff Fedotin de Triumph Books y a mi esposa Danielle. Estaba más exaltado de lo usual a medida que se acercaba la fecha límite. Como siempre, ella sabe manejar la situación.

Muchas gracias Roger Fernández, el genio bilingüe, uno de los escritores más talentosos con los que he trabajado, por su ayuda con diversos temas.

Todo mi aprecio para Nolan Ryan y Jim Leyland por su tiempo y los preámbulos al libro. Una de las grandes alegrías de mi vida ha sido intercambiar mensajes de texto con Jim durante una semana más o menos. Sí, Jim Leyland textea.

Para finalizar, no hay palabras para describir toda la ayuda que recibí de Nate Reagan para escribir este libro, quien posiblemente sea el fanático número uno de los Rangers de Texas en todo el planeta Tierra. Estoy seguro de que va a disfrutar mucho de su primer viaje a Cooperstown, alrededor de la fecha de publicación de este libro.